电动自行车、三轮车、代步车故障诊断宝典

（全彩图解 + 扫码看视频）

刘伟豪　刘遂俊　刘伟杰　马利霞　编著

机械工业出版社

本书以电动自行车、三轮车、代步车的主流车型为例，采用照片实拍图解和扫码看视频的形式，重点介绍整车和附属部件保养检修方法，维修常用工具、仪器，蓄电池、充电器、无刷控制器、无刷电动机故障维修案例，帮助读者形成清晰的故障诊断思路，从而排除电动车常见和疑难故障。

　　本书全彩印刷、通俗易懂、形象直观、简洁实用，可供电动自行车、三轮车、代步车专业维修人员使用，也可供使用这些车辆的车主自学参考。

图书在版编目（CIP）数据

电动自行车、三轮车、代步车故障诊断宝典：全彩图解+扫码看视频 / 刘伟豪等编著. — 北京：机械工业出版社，2024.3
　ISBN 978-7-111-75432-9

　Ⅰ.①电… Ⅱ.①刘… Ⅲ.①电动自行车 – 故障检 ②机动三轮车 – 故障检测 Ⅳ.①U484.07

中国国家版本馆CIP数据核字（2024）第060838号

机械工业出版社（北京市百万庄大街22号　邮政编码100037）
策划编辑：谢　元　　　　　　　责任编辑：谢　元
责任校对：王小童　李　杉　　　封面设计：马精明
责任印制：单爱军
北京虎彩文化传播有限公司印刷
2024年7月第1版第1次印刷
184mm×260mm · 11.5印张 · 249千字
标准书号：ISBN 978-7-111-75432-9
定价：59.90元

电话服务　　　　　　　　　网络服务
客服电话：010-88361066　　机 工 官 网：www.cmpbook.com
　　　　　010-88379833　　机 工 官 博：weibo.com/cmp1952
　　　　　010-68326294　　金 书 网：www.golden-book.com
封底无防伪标均为盗版　机工教育服务网：www.cmpedu.com

前　言

电动自行车、三轮车、代步车经济实用，容易骑行，受到广大消费者青睐，经过多年的高速发展，已经相当普及。由于这些车辆是电磁、电化学、电子和机械相结合，技术含量比较高的产品，同时工作环境复杂多变，道路的颠簸、风雨的侵蚀、不当的使用导致高故障率在所难免。因此这些车辆的维修就成为了民生服务业和道路交通、消防安全管理的重要工作之一。

本书以电动自行车、三轮车、代步车主流车型为例，采用照片实拍图解和扫码看视频的形式，重点介绍整车和附属部件保养检修方法，维修常用工具、仪器，蓄电池、充电器、无刷控制器、无刷电动机故障维修案例，帮助读者形成清晰的诊断思路，从而排除电动车常见疑难故障。本书全彩印刷、通俗易懂、形象直观、简洁实用，可供电动自行车、三轮车、代步车专业维修人员使用，也可供使用这些车辆的车主自学参考。

本书所说的万用表如不作特殊说明，均为DT-9025A数字式万用表，书中的数据均为数字式万用表所测。特别需要说明的是，因为理论数据与实际测量数据有误差，所以书中有"理论值"和"实测值"两种数据。另外，本书所举维修案例所涉及的车型均已超过三包期，并不针对厂家的产品质量问题，特此说明。

本书由刘伟豪、刘遂俊、刘伟杰、马利霞编著，技术资料和插图由洛阳市绿盟电动车维修培训学校提供。

由于编者水平有限，书中难免存在不当和疏漏之处，恳请广大读者不吝指正。

编　者

目 录

前言

第三章
电动自行车、三轮车、代步车附属部件及维修方法

第四章
蓄电池故障及维修方法

第七章
无刷电动机结构原理与维修方法

第八章
电动自行车、三轮车、代步车故障维修实例

资源说明页

本书附赠 15 个短视频。

获取方式：

1.微信扫码（封底"刮刮卡"处），关注"天工讲堂"公众号。

2.选择"我的"—"使用"，跳出"兑换码"输入页面。

3.刮开封底处的"刮刮卡"获得"兑换码"。

4.输入"兑换码"和"验证码"，点击"使用"。

通过以上步骤，您的微信账号即可免费观看全套课程！

首次兑换后，微信扫描本页的"课程空间码"即可直接跳转到课程空间，或者直接扫描内文二维码即可直接观看相应视频。

课程空间码

第一章

电动自行车、三轮车、代步车正确使用、保养及检修方法

全彩图解+扫码看视频

在电动自行车、三轮车、代步车维修实践中，由于用户使用不当造成的故障占相当大的比例。很多用户没有养成看说明书的习惯，故障出现时才想起查看说明书。电动自行车是集电子、化学电源及机械为一体的机电产品。正确使用和操作是延长电动自行车、三轮车、代步车使用寿命和防止出现故障行之有效的方法。所以，电动自行车、三轮车、代步车必须正确使用和定期检修保养。

扫码看视频

第一节　电动自行车、三轮车、代步车正确使用方法

一、行驶前检查

1）仔细阅读产品说明书，了解产品的各项性能和有关要求。如果未阅读说明书，不了解电动自行车的性能，请不要使用电动自行车。

2）用户是否已掌握骑车方法。因电动自行车车速较高，不要借给不会操纵电动自行车的人骑行。

3）自行安装的后车锁是否已经打开，在锁死车轮时起动电动机将会损坏电动机和电子器件。

4）检查轮胎气压是否合适，如果气压不够，应及时补充，气压不足将影响行驶里程和速度。特别是现在新出厂的电动车辆大多使用真空胎，如果气压不足，会造成行驶中轮胎与车圈脱离现象，不但电动车不能骑行，而且容易造成事故。检查轮胎气压如图1-1所示。

5）各紧固件应紧固正常、无松动。

6）检查鞍座高低是否合适，可根据用户实际身高进行调整。在调整鞍座与车把高度时，注意不得露出鞍管和立管上的安全线。

7）检查蓄电池是否已充满电，如果蓄电池容量不够，必须充足后再使用，不能低容量使用蓄电池。充电不足将影响行驶里程，更有损蓄电池寿命。48V 电动车蓄电池充满电后电压为 53V 左右。60V 电动车蓄电池充满电后电压为 65V 左右。

万用表测量 48V 电动车蓄电池电压如图 1-2 所示。

图 1-1　检查轮胎气压

图 1-2　万用表测量 48V 电动车蓄电池电压

8）将充满电的蓄电池安装在蓄电池柜中并锁好。

9）车轮运转灵活，检查制动系统是否灵活、可靠等。

10）打开车锁，架起后支架，拧开电源开关，转动右边调速转把，检查后轮电动机运转有无异响。

11）最好检查一遍起动性能，制动、断电功能是否正常。

12）禁止在后轮加润滑油。

二、行驶注意事项

1）车辆刚起动时，应缓慢加速，以免瞬间加速浪费电能或损伤电器元件。从 0→40km/h，加速时间不少于 9s。

2）在保证安全的前提下，行驶途中应尽量减少频繁制动、起动，以节省电能。

3）行驶中应避免制动后仍旋紧调速把的现象，以免电动机过载而损坏其他器件。

4）某些国标电动自行车的控制器设有过载保护功能，过载时将自动切断电源（有些厂家采用超速语音或警告声提示），待恢复正常时，电源自动接通。

5）必须遵照电动自行车、三轮车、代步车操作要求。

6）电动自行车设计标准载荷为 75kg，当载荷超过 90kg 后，蓄电池和电动机可能损坏。

7）电动自行车、三轮车、代步车续驶里程为 40~50km。实际使用时续驶里程会受诸多因素的影响，例如频繁制动、起动、路面凹凸不平、气温过低、上陡坡、逆风行驶、轮胎充气不足、载重量过大。

8）注意车头仪表的显示。电源开通后，整车处于可电动骑行状态，红色电源指示灯发光，同时绿色、黄色电量指示灯发光，随着骑行耗电，当绿灯、黄灯熄灭，说明蓄电池电量即将耗尽，此时应停止电动骑行，并尽快给蓄电池充电。

① 原地上下车，严禁滑行上下车，才能确保使用者的安全。

② 上车后方可开电源锁开关，下车前必须先关断电源锁开关。

③ 电动自行车、三轮车、代步车经济速度一般为20~38km/h。

④ 骑行时制动距离一般为4m，雨天制动距离增加一倍。

9）尽量防止电动机零起动，最好先人力骑行起来再起动电动机以免因零起动，电流过大影响蓄电池、电动机的寿命。

10）在雨天骑行应注意防止控制器内和电动机内进水，造成短路损坏。

11）爬坡、上桥、顶风行驶，蓄电池供电流过大影响电动机和蓄电池寿命，此时最好人为辅助骑行。

三、停车注意事项

1）下车推行时，应关闭电源开关，以防止在推行时无意转动调速把，导致车子突然起动而发生意外。

2）应避免静止时用调速把频繁起动车辆，以保证蓄电池、电动机及电器开关的使用寿命。

3）停车时，应立即关闭电源，拔下钥匙。

四、电动自行车、三轮车、代步车正确充电

当结束骑行或蓄电池用完后应立即充电，充电方法有两种：一种是取下蓄电池充电，另一种是直接在车上充电。

1. 取下蓄电池充电

蓄电池在倒置的情况下禁止充电，否则会严重缩短蓄电池的寿命。

先将充电器平稳放好，再将充电器输出插头插入蓄电池盒的充电插座中，然后将充电器输入端插头插在家用电源插座中。

2. 直接在车上充电

先关闭电源，拔下钥匙，再取下车上充电插头装饰件，放置好。将充电器输出端插在蓄电池盒的充电座中，然后将输入端插在家用电源插座中。

直接在车上充电如图1-3所示。

图 1-3　直接在车上充电

3. 充电时间

当充电器的输入、输出端接通后，充电器的电源指示灯和充电指示灯显示红色，表示电源已接通。

充电时间为8~10h（视蓄电池使用情况而定），充电器绿色指示灯点亮，表示电已基本充满，如果不急用，可再浮充1~2h，充电完毕先拔掉交流电源上的插头，再拔掉与蓄电池连接的插头。

夏季充电，充电时间一般不宜超过8h；冬季充电，充电时间一般不宜超过10h。目前，城市中各小区均采用集中充电管理系统，一般情况下，设置为1元充电时间4h，2元充电时间为8h。但是，这种充电装置没有浮充功能，用户反映蓄电池充电后只有蓄电池容量的80%左右。

4. 充电注意事项

注意，在没有充满的情况下就开始使用，会缩短蓄电池的寿命。

严禁使用与蓄电池不匹配的充电器充电。

充电器应轻拿轻放，避免振动。充电器内含有高压电路，严禁擅自拆卸。

使用和存放时应防止液体和金属屑粒渗入充电器内部，谨防跌落及撞击，以免造成损伤。

充电器在充电时，严禁加盖任何物品。

充电时周围的环境应通风、无火，严禁擅自拆卸蓄电池盒。

在充电过程中若闻到异味或温度过高时，应立即拔下电源插头停止充电并送修理。

在不充电的情况下，严禁长时间将充电器空载连接在交流电源上。

充电器工作时，要放在小孩接触不到的地方，以免出现危险。

蓄电池不能长时间搁置，搁置一个月至少充电一次。经骑行蓄电池放电后必须充满电存放，否则将会极大影响蓄电池使用寿命，严重者会造成蓄电池报废。

当电能用尽时，控制器系统将自动断电。但在关断电源后，蓄电池会出现反跳的"虚"电压，这时必须充电后再用，否则会造成蓄电池过放电，这种蓄电池损伤是不可修复的。

第二节　电动自行车、三轮车、代步车定期检修与保养

电动自行车、三轮车、代步车在使用三个月后，应该由专业维修人员对螺钉、制动等进行一次调试；使用八个月后，应该对蓄电池、充电器进行一次保养和维护。此外，应定期对电动自行车进行检修，保证车辆的各个设备正常工作，这样不但能避免意外的发生，还能延长电动自行车、三轮车、代步车的使用寿命。

一、定期检修范围

1）对把横管、把立管、鞍座、鞍管和车轮的紧固件应旋紧。应注意把立管和鞍管的安全线。

2）检查润滑部位、润滑周期及润滑情况。

3）链条松紧应适当，链条不得与车体发生碰擦。调整时，可调节后轮与中轴的距离，链条的张紧度控制在9~15mm。

4）电动自行车、三轮车、代步车制动系统一般有抱刹、鼓刹、碟刹三种。定期对制动系统进行调整和对闸皮调换，雨、雪天骑行应增加制动距离。前闸皮应与轮毂受压面平行、高低一致。闸皮与轮毂的间隙不大于3mm；制动松紧度以握闸把离手柄9mm时能刹住为宜。未制动时，闸皮不得与车轮的任何部位发生接触，闸皮发生明显的磨损时，应及时进行更换，以免损伤车圈。

5）应对电动机、控制器、蓄电池定期检查保养。

6）确保充电器的正确、安全使用。

7）定期检查紧固前轮和后轮。

8）国家规定了电动自行车最高时速，不要随意提高电动自行车的车速。生产技术人员设计的制动系统是根据这个最高时速而确定的，骑车人的安全完全能够得到保障，如果擅自提高车速，制动系统就会有安全隐患，同时也会对电动自行车的电动机造成损伤。

二、电动自行车、三轮车、代步车保养

1.电动自行车、三轮车、代步车的维护和保养

1）车辆在出售前已安装调试到最佳状态，在使用中不得随意拆装电器及相关部件。骑行时如果发现传动部件发出异响、通电不工作等异常情况，应请专业维修人员修理。

2）电动机正常使用中无须调整或保养，只需进行一些表面除尘等清洁工作即可。切勿随意在传动部件上添加润滑油。

3）定期对偏支架和大支架加注润滑油，这样做的好处是使偏支架和大支架使用灵活方便。如果长期缺油使用，会造成活动不畅，严重时会造成偏支架和大支架磨损损坏。对偏支架加注润滑油如图1-4所示。

图 1-4　对偏支架加注润滑油

2.蓄电池的维护和保养

1）当仪表板红色欠压指示灯发光时，

表明电量不足，应及时充电。及时充电可有效延长蓄电池寿命。每天对蓄电池进行一次完全充电，每次充电时间应为6~8h。让蓄电池随时保持满电状态，对其寿命有好处。如果骑行后不及时充电，将会缩短蓄电池的使用寿命，严重情况会造成蓄电池报废。

2）电动自行车、三轮车、代步车起动时，应缓慢加速；在较大坡度路面上和逆风行驶时，避免蓄电池大电流放电，以延长蓄电池和电动机的寿命，并可避免烧坏电器元件。

3）蓄电池长期不用时，应充满电存放，并做到每个月进行一次补充充电。

4）蓄电池充电应在空气流通的环境中进行。避免接近火源，充电时最好将蓄电池组取下，以利散热。

5）蓄电池最佳的工作环境温度为15~40℃。在此温度范围之外，将影响蓄电池的正常工作。

6）不能使蓄电池正负极短路，以免发生危险。

7）只能使用厂家提供的专用充电器进行充电。

8）蓄电池是专用蓄电池，严禁作为电动自行车以外的电源使用，以免造成蓄电池的损害。

9）不能使用有机溶剂清洗蓄电池外壳。如果发生意外火灾，不能使用二氧化碳灭火，而应使用四氯化碳之类的灭火器具。

10）蓄电池组若发生故障，应将其送交厂家维修或专业机构妥善处理。请勿随意丢弃以免造成环境污染。

11）环境温度高于40℃或低于-9℃时，蓄电池寿命会缩短。因此夏天高温时，蓄电池应避免太阳直射。在冬季低温时，蓄电池应在室内存放，并在室内进行充电。蓄电池充满电后，应再延长充电2h。

12）环境温度在-9℃时，蓄电池的电量只能放出60%。因此，冬季里充满电一次行驶里程比夏季时充满电一次行驶里程要减少很多，这是正常现象。

13）蓄电池是消耗品，蓄电池的寿命是有限的。蓄电池的寿命终止期应以充满电一次行驶里程只能达到国家规定（25km）的一半进行考核，即充满电一次行驶里程不足13km时蓄电池寿命终止，应对蓄电池进行修复或更换新蓄电池。

14）夏季里严禁长时间将电动自行车放在烈日下曝晒。

3.控制器的维护及保养

控制器在电动自行车、三轮车、代步车出厂时已调整至最佳状态。骑行时若出现电器故障或失控现象，非专业维修人员只可对线缆、插接件进行检查，若不能排除故障，应立即与专业维修店或厂家联系。另外，控制器是电器部件，严禁雨淋或用水管进行冲洗，这样会造成控制器烧坏。

第三节　电动自行车、三轮车、代步车 故障维修思路及维修方法

电动自行车、三轮车、代步车电路之间的关系相当复杂，这给维修工作带来了一定的难度，要把电动自行车、三轮车、代步车修好，除掌握其基本原理，还应注意其维修步骤、维修思路及维修方法，使维修工作有条不紊地进行。

做任何事情都有一个程序、一个过程，电动自行车、三轮车、代步车维修也有讲究思路和流程。维修电动自行车分两步进行，即查找故障和修理。而维修的前提和关键是迅速查找故障，如同病人到医院治病，先找出病因，确诊后，才能进行治疗。

一、电动自行车、三轮车、代步车故障维修思路

1.询问用户

故障车辆进维修店，第一件事是询问用户车辆产生故障的时间及故障现象，用户是否自己或找人检修过，车辆购买的时间、工作的环境等。如果比较忙，则先记录故障现象待会再修，通过询问用户，获得第一手的维修资料，将会给分析判断故障提供依据。

2.观察故障现象

电动自行车、三轮车、代步车的故障现象会很多，例如车轮不转、不断电、前照灯不亮等，但不管故障现象有多少，可把它们归纳为两类：

（1）软性故障　所谓软性故障，指的是故障有时候出现，有时候不出现，或者说故障发生没有明显的规律可循，例如控制器中的内部脱焊，有时接触好，电动机正常运行；有时接触不好，电动机就会起动无力。此类故障必须先分析涉及的相关方面，测量相关的参数，如果一时无头绪，则只能采用更换法排除故障。

（2）硬性故障　所谓硬性故障，指的是此类故障一旦发生便一直不变，故障范围不扩大、不转移，故障现象不更改。如果断电闸把损坏，造成无法切断电动机电源，更换一只新闸把即可。此类故障比较好维修，一般只要了解一点理论知识，能先作出判断后换配件，便可提高维修效率。

3.确定故障范围

根据故障现象，判断出引起故障的各种可能原因，并根据测量结果，大致确定故障范围。

维修有一个原则，那就是最小化原则。简单的问题本身已最小化，复杂的问题要抓住问题的关键点，找到解决的突破口。如果转动转把时电动机不转，显示部分的工

作也不正常，则可以先断开显示部分，只连接电动机、蓄电池与控制器即可，测量参数、分析原因，等电动机正常运行后，再检查显示部分。

二、电动自行车、三轮车、代步车故障维修方法

1. 故障现象观察法

故障现象是故障的直接表现，在熟悉电路结构和特点的情况下，只要能熟练地运用故障现象观察法对主要电路故障进行检查，很多故障就可以很快确定故障部位，甚至可以直接找到故障点。观察故障现象，又分不通电观察和通电观察两种。先不通电观察，如果找不到故障，再通电观察。例如，转把与制动线是否断路；控制器附近的线束是否有断路和短路烧坏的现象，这些故障可以通过观察故障现象很快找到故障部位。不通电观察控制器附近线束如图1-5所示。

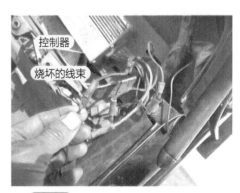

图 1-5 不通电观察控制器附近线束

2. 测试关键点

判断出大致的故障范围之后，可以通过测试关键点的电压、电流，结合正常时的工作电压、电流进行对比，来进一步缩小故障范围。这一点至关重要，也是维修的难点，要求维修人员平时应多积累资料，找出可以替换的元件。

3. 测电压法

测量电压是维修电动自行车、三轮车、代步车的常用基本方法之一。在实践中经常用到，它主要是测量电路或元器件的工作电压，以此来对故障部位和元器件进行判定，即用万用表检查其电压有无或大小，然后再与正常状态下测量数值来进行比较，以此来判断该电路的工作是否正常。

测电压又可分为测交流电压和测直流电压两种类别。测交流电压就是用万用表的交流电压挡，来测量电源的交流电压值。例如，测量充电器的电源输入端是否有220V交流电压。测交流电压如图1-6所示。测直流电压是用万用表的直流电压挡，来测量电动自行车的直流部分电路和元器件的电压。例如，测量充电器的直流输出端电压，48V充电器直流输出端电压为56V左右；60V充电器直流输出端电压为72V左右；72V充电器直流输出端电压为86V左右，如图1-7所示。

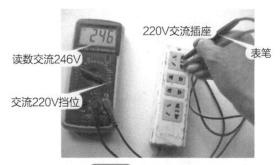

图 1-6 测交流电压

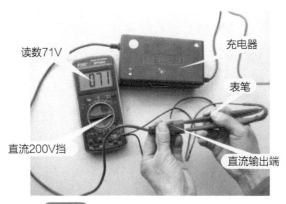

读数71V
充电器
表笔
直流200V挡
直流输出端

图 1-7 测量充电器的直流输出端电压

4. 测电流法

测量电流也是维修电动自行车的常用方法之一。例如，对电动自行车电动机电流的测量，如果其电流与正常值相比变化很大，则说明电动机有问题，就可对症下药，对其重点检查。正常情况下，电动机空载电流应小于2A。测量电动机空载电流如图1-8所示。

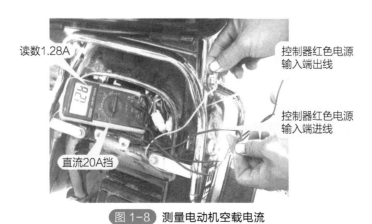

读数1.28A
控制器红色电源输入端出线
控制器红色电源输入端进线
直流20A挡

图 1-8 测量电动机空载电流

专家指导

电动机的空载电流检修技巧

将万用表置于直流 20A 挡，将红、黑表笔串联在控制器的电源输入端。打开电源，在电动机不转动的情况下，记录此时万用表的最大电流数值 I_1。

转动转把，使电动机高速空载转动 10s 以上。等电动机转速稳定以后，开始观察并记录此时万用表的最大数值 I_2，则电动机的空载电流为 I_2-I_1。

电动机的空载电流大于表 1-1 所列极限数据时（注：由于各厂家生产的电动机功率数据有差异，此表数据仅供参考），表明电动机出现故障，需打开电动机进行检修。

表1-1　电动机无故障最大极限空载电流　　　　　　（单位：A）

电动机形式	额定电压 36V	额定电压 48V
有刷有齿电动机	1.7	1.0
有刷无齿电动机	1.0	0.6
无刷有齿电动机	1.7	1.0
无刷无齿电动机	1.0	0.6
侧挂电动机	2.2	1.8

5. 测电阻法

测量电阻也是维修电动自行车常用方法之一。它主要是测量电路和元器件的对地电阻值和测量元器件本身的电阻值，这就可很容易地判定故障的所在。例如，用万用表蜂鸣器挡测量连接导线的通断十分方便快捷。用万用表蜂鸣器挡测量充电器交流输入线通断如图1-9所示。

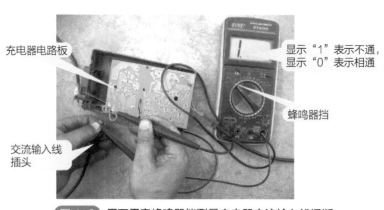

充电器电路板

显示"1"表示不通，
显示"0"表示相通

蜂鸣器挡

交流输入线
插头

图 1-9　用万用表蜂鸣器挡测量充电器交流输入线通断

6. 敲击法

敲击法也是维修电动自行车很有效的方法之一，特别是对于虚焊和接触不良等引起的故障。其方法是，用绝缘体，例如木棍，在加电或不加电的情况下，对有可能出问题的部位（充电器、控制器、线束等）进行敲打和按压，容易发现虚焊和接触不良等故障。

用木棍敲击控制器外壳如图1-10所示。

7. 摸温法

摸温法就是直接用手去摸（应注意安全）被怀疑的元器件（例如电动机、控制器、转换器）的温度，根据其温度的异常变化等现象来发现问题，可很快地判断出问题所在。这种方法可快速检查电动自行车四大件的好坏并作出判断。用手摸电动机外壳温度如图 1-11 所示。

图 1-10 用木棍敲击控制器外壳

图 1-11 用手摸电动机外壳温度

8. 替换法

替换法是怀疑某个部件而又不易测试其性能好坏时而用新的部件替换。替代法是电动自行车维修中经常使用而又行之有效的方法，在维修中大量采用此法，方便快捷。例如，对电动自行车、三轮车、代步法的转把、控制器可采用替换法，是否损坏，一换便知。更换转把试验如图 1-12 所示。

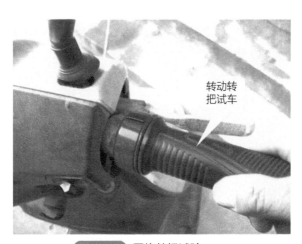
图 1-12 更换转把试验

9. 修改电路法

修改电路法是某些电路设计不合理或配件与原机的电路不相符时所采用的维修方法。例如在更换电动自行车、三轮车、代步车控制器时，如果一时购不到相同的控制器，可对现有的控制器进行改造使用。但必须熟悉电路原理与结构时才能进行修改电路，初学者一般不要盲目修改。

10. 拆除法

拆除法是某些元器件或配件在电路中起辅助性作用，这些元器件或配件在电动自行车电路中可有可无时所采用的维修方法。例如，在检查闸把故障时，可暂时先去除闸把的两条引线，缩小故障范围，等故障排除后再接上闸把引线。

三、电动自行车核心维修技术步骤

电动自行车、三轮车、代步车的零部件较多，其维修从本质上说是零件的维修与更换。电动自行车、三轮车、代步车核心维修技术步骤如下。

第一步：

1）掌握电动自行车、三轮车、代步车主要结构、各部分功能、基本工作原理、主要部件性能，才能快速准确判断故障位置。电动车电气结构与控制原理如图1-13所示。

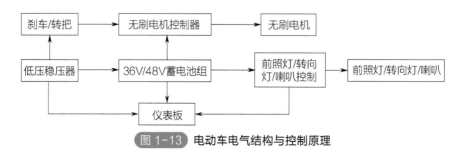

图 1-13 电动车电气结构与控制原理

2）快速正确更换配套部件，比较熟练地用性能相近或更好的部件替换损坏部件。

3）正确拆装电动机，清洁内部，维修故障。拆开的无刷电动机内部如图1-14所示。

4）通过改装人力自行车、三轮车、代步车为电动车，掌握电动机驱动、调速、制动、减振、车体等主要部分的安全可靠及节能要点。

图 1-14 拆开的无刷电动机内部

5）进一步掌握辅助部分，例如前照灯、电量显示、速度里程显示、喇叭等电器的连接。

第二步：

1）了解铅酸蓄电池基本构造，掌握反映其性能、指标、使用、维护等有关名词术语的具体含义。

2）利用万用表及蓄电池容量测试仪（又名电池表、内阻表）准确判断铅酸蓄电池的状态、性能指标、故障状态，分析早期失效原因，确定是维护还是换新。用万用表测蓄电池电压如图1-15所示。用蓄电池容量测试仪测蓄电池内阻如图1-16所示。

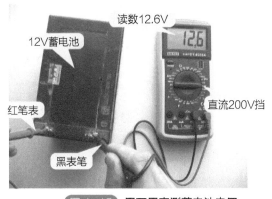

图 1-15　用万用表测蓄电池电压

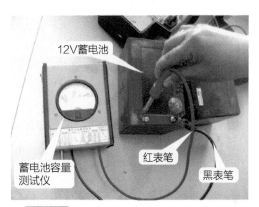

图 1-16　用蓄电池容量测试仪测蓄电池内阻

3）掌握蓄电池保养、维护要领，熟练进行补充电解液或蒸馏水、充放电和配组。例如对蓄电池补充电解液，加到覆盖极板即可，一般加液量为5~10mL。对蓄电池补充电解液如图1-17所示。

4）利用蓄电池修复仪，有针对性地对硫化铅酸蓄电池制订恢复计划，然后进行有效恢复。例如使用LY-6五合一蓄电池修复仪对12V/12A·h蓄电池进行"两放两充"除硫处理，如图1-18所示。

图 1-17　对蓄电池补充电解液

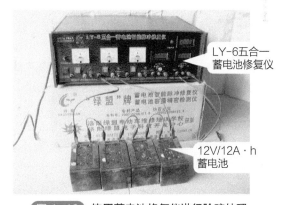

图 1-18　使用蓄电池修复仪进行除硫处理

第三步：

1）掌握充电器、控制器主要结构，知道易损元件名称、主要指标。

2）掌握用一般仪表测试易损元件好坏的方法，并会检查测试与损坏元件可能同时损坏的元件。

3）用同型号或性能超过已损坏元件的新元件替换已损坏元件。

4）调整有关元件，使被修理的充电器或控制器的性能指标达到出厂设定值。

第四步：

1）在上述基础上，正确更换无刷电动机的控制器，判断损坏器件。

2）掌握电动自行车其他部分的特性及使用维护要点。

3）维修改造控制器、充电器及其他电动自行车、三轮车、代步车电路。

四、电动自行车、三轮车、代步车四大件故障的快速判别方法

1.充电器

1）检查充电器的指示灯是否正常。

2）检查充电器是否有异味和烧坏痕迹。

3）用万用表电阻挡检查充电器电源线是否短路或断路，如图1-19所示。

4）用万用表电压挡检查充电器的电压是否正常（36V充电器正常为42V左右，48V充电器正常为56V左右）。48V充电器输出电压测量如图1-20所示。

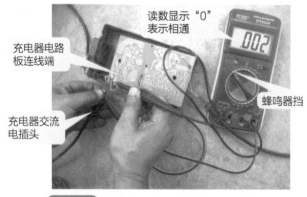

图 1-19　万用表电阻挡检查充电器电源线

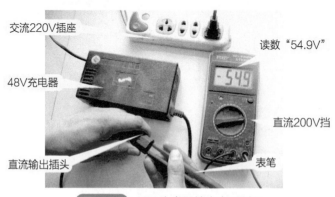

图 1-20　48V 充电器输出电压测量

2.控制器

1）检查控制器是否有异味和烧坏痕迹，控制器是否发烫。

2）无刷控制器，打开电源锁，旋动转把，用万用表交流电压挡测量控制器3根相线间是否有输出交流电压。测量无刷控制器输出交流电压如图1-21所示。

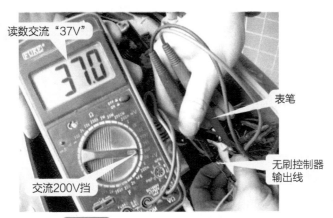

读数交流"37V"

表笔

无刷控制器
输出线

交流200V挡

图 1-21 测量无刷控制器输出交流电压

3）无刷控制器线路连接完好，打开电源，扳动电动机，很重为正常。

4）用万用表电阻挡检查控制器线路是否断路或短路。

5）用万用表检查控制器调速转把应有1~4.2V（理论值）电压（实测值在0.8~3.5V，基本正常）变化，闸把断电信号电压在5~0V（低电平断电）之间变化。测量转把绿色信号线电压如图1-22所示。测量闸把断电信号电压如图1-23所示。

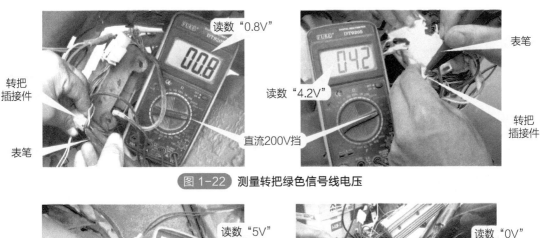

读数"0.8V"

转把
插接件

表笔

直流200V挡

表笔

读数"4.2V"

转把
插接件

图 1-22 测量转把绿色信号线电压

闸把
插接件

表笔

读数"5V"

直流200V挡

闸把
插接件

表笔

读数"0V"

直流200V挡

图 1-23 测量闸把断电信号电压

6）用万用表电阻挡检查控制器功率元件电阻值是否正常。

7）无刷控制器好坏的简要判断方法如下：用万用表的二极管挡，红表笔对无刷控制器的黑色负极线，黑表笔依次测量无刷控制器的蓝、绿、黄三根相线，读数在"500"左右（因型号不同有误差），而且三根相线读数一样，说明控制器基本正常。如果有根相线读数显示为"0"，说明控制器损坏。无刷控制器检测方法如图1-24所示。

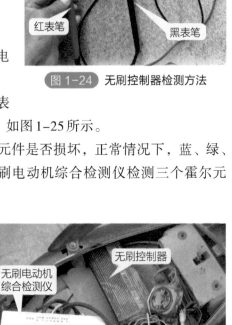

图 1-24　无刷控制器检测方法

3. 电动机

1）检查电动机空转时有无杂音。

2）不通电，电动机线不相连时，用手转动电动机，正常时应该是松的。

3）断开无刷电动机与控制器引线，用万用表蜂鸣器挡测量蓝、绿、黄三根相线应为相通状态，如图1-25所示。

4）用无刷电动机综合检测仪，检测三个霍尔元件是否损坏，正常情况下，蓝、绿、黄三个霍尔元件指示灯应为亮、灭交替循环。无刷电动机综合检测仪检测三个霍尔元件如图1-26所示。

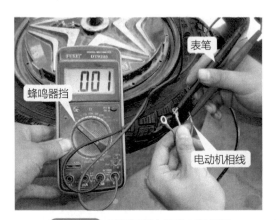

图 1-25　测量无刷电动机三根相线

图 1-26　无刷电动机综合检测仪检测三个霍尔元件

4. 蓄电池

1）检查蓄电池外壳是否有变形、漏液现象。

2）检查蓄电池接线端子是否损坏。

3）用万用表测量三块蓄电池电压是否一样，如图1-27所示。

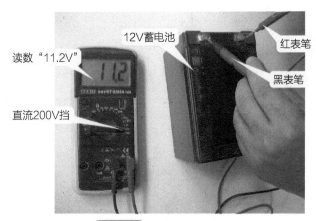

读数"11.2V"

12V蓄电池

红表笔

黑表笔

直流200V挡

图 1-27　检测蓄电池电压

4）用蓄电池容量测试仪测量三块蓄电池容量，判断蓄电池电量是否充足。如果指针低于红色刻度，说明蓄电池损坏，如图1-28所示。

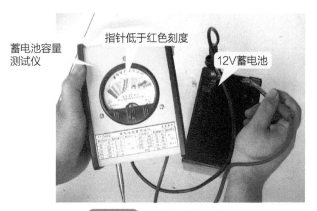

蓄电池容量
测试仪

指针低于红色刻度

12V蓄电池

图 1-28　测量蓄电池容量

第二章

电动自行车、三轮车、代步车
维修常用工具、仪器

全彩图解 + 扫码看视频

第一节　维修常用工具

一、电动自行车、三轮车、代步车维修常用工具（表 2-1）

表2-1　维修常用工具

编号	名称	规格或作用	单位	数量
1	电烙铁	50W、80W	把	各1
2	吸锡器	吸熔化的焊锡	个	1
3	松香	助焊剂	包	若干
4	焊锡丝	0.8~1.2mm	卷	若干
5	烙铁架	存放电烙铁	个	1
6	螺丝刀（十字、一字）	手动或电动	把	若干
7	剥线钳	剥去导线外皮	把	1
8	尖嘴钳	8in	把	1
9	斜嘴钳或剪刀	8in	把	1
10	老虎钳	日常维修	把	1
11	热熔胶枪和胶棒	打胶专用	把	1
12	带风塑料焊枪	700W，拆卸元器件	个	1
13	尖嘴铁镊子	夹物或短接电路	个	1
14	壁纸刀	日常维修	个	1
15	毛刷	清洁灰尘	把	1

（续）

编号	名称	规格或作用	单位	数量
16	活动扳手	250mm×30mm	把	1
17	电动扳手	套筒 10~12~14~16~18~20~22~23mm	个	1
18	呆扳手	8~10mm、12~14mm、14~17mm、16~18mm、17~19mm	个	各1
19	手锤	皮手锤和铁手锤	个	各1
20	内六方扳手	全套	套	1
21	钢锯	日常维修	个	1
22	铁锉刀	日常维修	个	1
23	手电钻	带正、反转，慢转	个	1
24	拔卸器	三爪	个	1
25	尼龙扎带	3mm×100mm、3mm×200mm	包	若干
26	打气筒或电动气泵	轮胎充气	个	1
27	电动砂轮、冷补胶片和胶水	搓净内胎，24片和48片	盒	若干
28	扒胎工具和气门芯工具	短号，拆装气门芯	个	2
29	补真空胎工具和胶条	修补真空轮胎	套	1
30	扒胎器	手动或电动	个	1
31	绝缘漆	电动机线圈绝缘	瓶	若干
32	螺栓松动剂	清洗和润滑	瓶	若干
33	机油壶和机油	机械部位润滑	瓶	若干
34	AB胶	粘牢塑料	盒	若干
35	修车支架	自制，支起车架	个	1
36	PVC电气防水胶带	绝缘导线	卷	若干
37	自制小针	取下塑料插接件中引线 可以用旧车条自制	个	1
38	冲击螺丝刀	拆卸螺栓	个	1
39	丁字套筒	拆卸六方螺栓	个	若干
40	吹风机	加热和吹干电子元件和导线	个	1
41	手电钻	钻孔，打眼	个	1
42	切割机	切割物料	个	1
43	电焊机	铁料焊接	个	1

二、电动三轮车、代步车维修专用工具（表 2-2）

表 2-2　电动三轮车、代步车维修专用工具

编号	名称	规格或作用	单位	数量
1	电烙铁	150W、200W	把	各 1
2	扒胎工具	长号	个	2
3	千斤顶	中、小型	个	各 1
4	移动维修灯	晚间维修照明	个	1
5	半轴拆卸工具	半轴拆卸	个	1
6	半轴轴承拆卸工具	半轴轴承拆卸	个	1
7	刹车锅拆卸工具	刹车锅拆卸	个	1
8	移动氧气焊机	薄料铁件焊接	套	1
9	卡簧钳	内卡和外卡	个	各 1
10	自制三轮车轴支架	支起三轮车后轴	个	1

维修常用工具如图 2-1~图 2-43 所示。

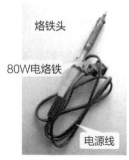

图 2-1　80W 带指示灯电烙铁

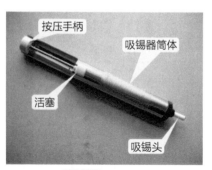

图 2-2　吸锡器

图 2-3　松香

图 2-4　焊锡丝

图 2-5　烙铁架

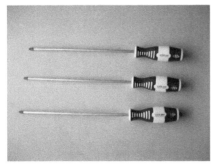

a）手动螺丝刀

b）12V 电动螺丝刀

图 2-6 螺丝刀

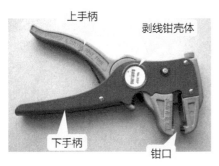

图 2-7 剥线钳

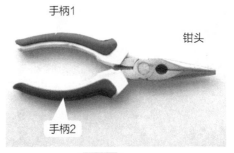

图 2-8 尖嘴钳

图 2-9 剪刀

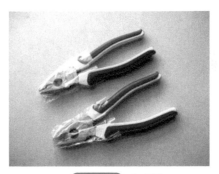

图 2-10 老虎钳

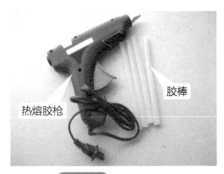

图 2-11 热熔胶枪和胶棒

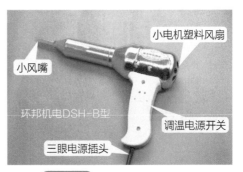

图 2-12 700W 带风塑料焊枪

图 2-13　尖嘴铁镊子

图 2-14　壁纸刀

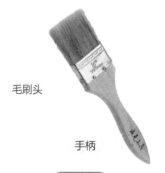

毛刷头

手柄

图 2-15　毛刷

钳口

手柄

图 2-16　活动扳手

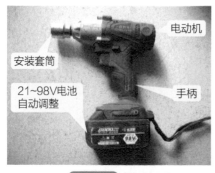

电动机

安装套筒

21~98V电池
自动调整

手柄

图 2-17　电动扳手

中间手柄

扳手口

扳手口

图 2-18　呆扳手

铁锤头

手柄

a）铁手锤

皮锤头

手柄

b）皮手锤

图 2-19　手锤

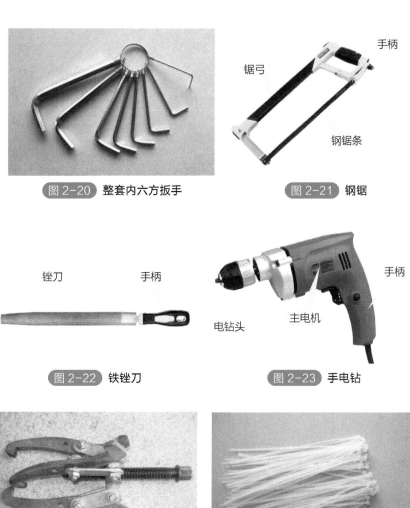

图 2-20　整套内六方扳手

图 2-21　钢锯

手柄

锯弓

钢锯条

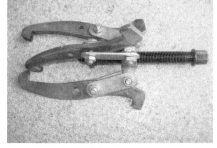

锉刀　　　　手柄

图 2-22　铁锉刀

手柄

电钻头　　主电机

图 2-23　手电钻

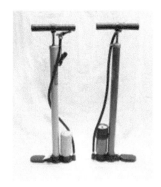

图 2-24　三爪拔卸器

图 2-25　尼龙扎带

a）打气筒

b）电动气泵

图 2-26　充气工具

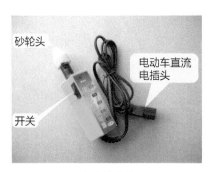

a）电动砂轮

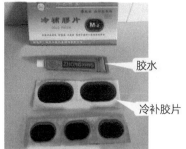

b）冷补胶片和胶水

图 2-27 电动砂轮、冷补胶片和胶水

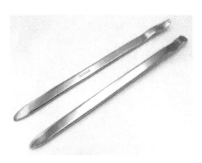

a）短号扒胎工具

b）拆装气门芯工具

图 2-28 扒胎工具和气门芯工具

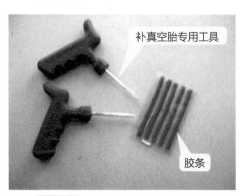

图 2-29 补真空胎专用工具和胶条

a）手动扒胎器

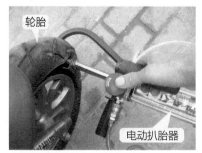

b）电动扒胎器

图 2-30 扒胎器

图 2-31　绝缘漆

图 2-32　螺栓松动剂

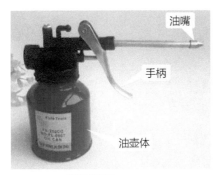

油嘴

手柄

油壶体

图 2-33　机油壶

图 2-34　AB 胶

可调高低旋钮

可升降支棒

底脚

图 2-35　修车支架

图 2-36　PVC 电气防水胶带

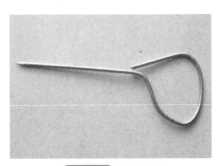

图 2-37　自制小针

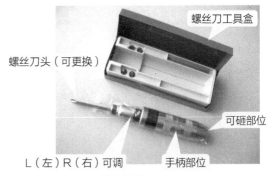

螺丝刀工具盒

螺丝刀头（可更换）

可砸部位

L（左）R（右）可调　手柄部位

图 2-38　冲击螺丝刀

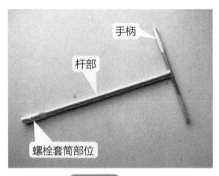

图 2-39　丁字套筒

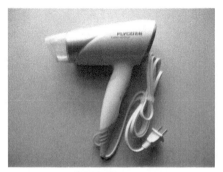

图 2-40　吹风机

图 2-41　手电钻

图 2-42　切割机

图 2-43　电焊机

电动三轮车、代步车维修专用工具如图 2-44~图 2-53 所示。

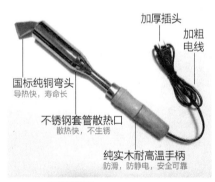

图 2-44　200W 电烙铁

图 2-45　长号扒胎工具

图 2-46　千斤顶

图 2-47　移动维修灯

图 2-48　半轴拆卸工具

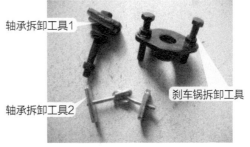

轴承拆卸工具1

轴承拆卸工具2

刹车锅拆卸工具

图 2-49　半轴轴承拆卸工具

图 2-50　刹车锅拆卸工具

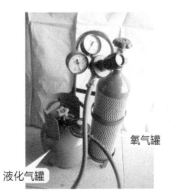

氧气罐

液化气罐

图 2-51　整套移动氧气焊机

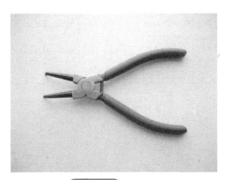

图 2-52　卡簧钳

三轮车车轴卡槽

支杆

底板

图 2-53　自制三轮车后轴支架

扫码看视频

● 第二节 电动自行车、三轮车、代步车维修常用仪器

一、维修常用仪器（表2-3）

表2-3 维修常用仪器

名称	作用	单位	数量
数字式万用表（或指针式万用表）	测量电压、电流、通断、二极管、晶体管	个	1
FY54型蓄电池容量测试仪	检测蓄电池	台	1
"绿盟"牌LY-2型无刷电动车综合检测仪	电动车全方位检测	台	1
"绿盟"牌LY-3型电动车四大件检测仪	检测电动车"四大件"	台	1
"绿盟"牌便携式蓄电池激化仪	激活亏电蓄电池	台	1
"绿盟"牌LM-1电动车快速充电站	电动车快速充电	台	任选1
"绿盟"牌LM-2电动车快速充电站	电动车快速充电	台	
"绿盟"牌LY-6五合一蓄电池脉冲修复仪	检测修复蓄电池	台	1
"绿盟"牌LY-7蓄电池脉冲修复仪	检测修复蓄电池	台	任选1
"绿盟"牌LY-9蓄电池检测修复组合柜	检测修复蓄电池	台	
"绿盟"牌LY-10蓄电池检测修复组合柜	检测修复蓄电池	台	
蓄电池补充电解液及修复剂	蓄电池补液	壶	若干

二、数字式万用表使用技巧

数字式万用表灵敏度高，准确度高，显示清晰，过载能力强，便于携带，使用更简单。在数字万用表的下方有一个转换旋钮，旋钮所指的是测量的挡位。数字万用表的挡位主要有以下几种："V~"表示测量交流电压的挡位；"V⎓"表示测量直流电压的挡位；"A~"表示测量交流电流的挡位；"A⎓"表示测量直流电流的挡位；"Ω（R）"表示测量电阻的挡位；"HFE"表示测量晶体管的挡位。

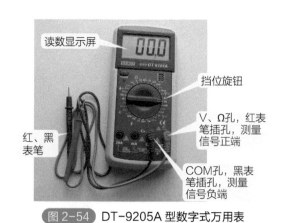

图2-54 DT-9205A型数字式万用表

现以DT-9205A型万用表为例介绍其使用技巧和注意事项。DT-9205A型数字式万用表外形如图2-54所示。

1.使用方法

1）使用前，应认真阅读万用表的使用说明书（图2-55），熟悉电源开关、量程开关、插孔、特殊插口的作用。将电源开关（POWER）置于ON位置。

包装盒

说明书

9V电池

图 2-55 阅读万用表的使用说明书

2）交直流电压的测量：按图2-56所示，根据需要将量程开关拨至DCV（直流）或ACV（交流）的合适量程，红表笔插V/Ω孔，黑表笔插入COM孔，并将表笔与被测线路并联，即显示读数。交流电压测量如图2-57所示。直流电压测量如图2-58所示。

直流电压
200V量程

a）将量程开关拨至直流电压200V量程

交流电压700V量程

b）将量程开关拨至交流电压700V量程

图 2-56 拨动量程开关

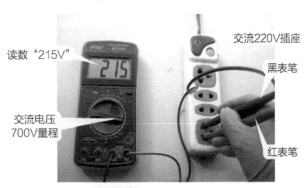

读数"215V"

交流220V插座

黑表笔

交流电压
700V量程

红表笔

图 2-57 交流电压测量

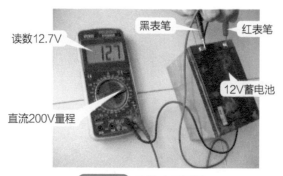

图 2-58　直流电压测量

3）交直流电流的测量：按图2-59所示将量程开关拨至DCA（直流电流）或ACA（交流电流）的20A量程，红表笔插入20A孔，黑表笔插入COM孔，并将万用表串联在被测电路中即可。测量直流量时，数字万用表能自动显示极性。直流电流测量示意图如图2-60所示。

图 2-59　将量程开关拨至直流电流 20A 挡位

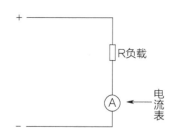

图 2-60　直流电流测量示意图

4）电阻的测量：按图2-61所示将量程开关拨至 Ω 的合适量程，红表笔插入 V/Ω 孔，黑表笔插入COM孔。如果被测电阻值超出所选择量程的最大值，万用表将显示"1"（表示无穷大），这时应选择更高的量程。测量电阻时，红表笔为正极，黑表笔为负极，这与指针式万用表正好相反。因此，测量晶体管、电解电容器等有极性的元器件时，必须注意表笔的极性。电阻的测量如图2-62所示。

图 2-61　将量程开关拨至 Ω 的合适（200Ω）量程

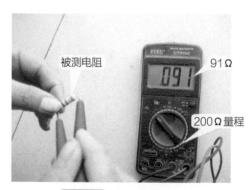

图 2-62　电阻的测量

5）线路通断的测量：按图2-63所示将量程开关拨至蜂鸣器挡，红表笔插入V/Ω孔，黑表笔插入COM孔。将红、黑表笔放在要检查的线路两端，如果万用表发出声音，表示连线相通，否则为线路断路（万用表显示"1"）。导线通断的测量如图2-64所示。

图 2-63 将量程开关拨至蜂鸣器挡

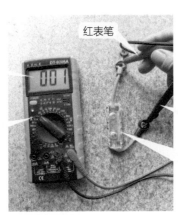

图 2-64 导线通断的测量

6）二极管测量：按图2-65所示将量程开关拨至二极管挡（万用表二极管挡与蜂鸣器挡为一个挡位），红表笔插入V/Ω孔，黑表笔插入COM孔。将红表笔接二极管正极，黑表笔接二极管负极（正向电阻），测量读数在500mV左右（型号不同，读数不同），如图2-66所示；若把红表笔接负极，黑表笔接正极（反向电阻），万用表的读数应为"1"（表示不通），如图2-67所示。若正、反测量都不符合要求，则说明二极管已损坏。

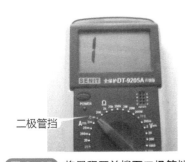

图 2-65 将量程开关拨至二极管挡

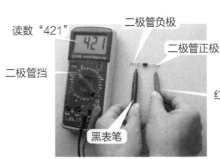

图 2-66 测量二极管正向电阻

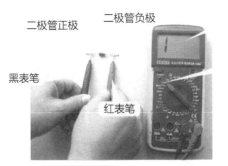

图 2-67 测量二极管反向电阻

2. 使用注意事项

1）注意检查蓄电池，将数字万用表的ON~OFF钮按下，如果蓄电池电量不足，则显示屏左上方会出现蓄电池正负极符号"$\boxed{-+}$"，需更换表内9V电池。

还要注意测试表插孔旁边的符号，这是警告你要留意测试电压和电流不要超出指示数字。此外，在使用前要先将量程放置在你想测量的挡位上。

2）数字万用表为精密电子仪表，内部电路及所使用的电源种类均不可随便改动，否则将会造成永久性损坏。

3）如果无法预先估计被测电压或电流的大小，则应先拨至最高量程挡测量一次，再视情况逐渐把量程减小到合适位置。测量完毕，应将量程开关拨到最高挡，并关闭电源。

满量程时，仪表仅在最高位显示数字"1"，其他位均消失，这时应选择更高的量程。

测量电压时，应将数字万用表与被测电路并联。测电流时应与被测电路串联，测电流时不必考虑正、负极性。

"COM"与"V/Ω"或"V/Ω/Hz"插孔之间，输入电压不得大于直流1000V、交流750V（有效值）。

4）当误用交流电压挡去测量直流电压，或者误用直流电压挡去测量交流电压时，显示屏将显示"000"，或低位上的数字出现跳动。

5）更换蓄电池和熔丝需在切断电源及终止所有测量工作后进行。

更换蓄电池方法：使用十字螺丝刀，旋出仪表背面后盖或蓄电池门的螺钉，取下后盖或蓄电池门，取出9V蓄电池，即可更换。

更换熔丝方法：打开仪表后盖，熔丝位于仪表内线路板下方，取出并用相同规格更换。

6）在测量的过程中，绝对禁止旋转功能转换开关，以避免机内打火，损坏仪表。

7）测量前应先转换挡位，不可用电阻挡测量电压，不可用电流挡测量电压，否则会造成万用表内电路损坏。

8）测量电压时不可将手触及金属带电部分，如表笔的测试端点。

9）仪表使用完毕，应关闭电源。如果长时间不使用仪表，应将蓄电池取出。

三、FY54蓄电池容量测试仪使用技巧

1. 概述

本产品是一种便携式检测蓄电池的仪表，可以测量各种规格的汽车蓄电池和其他用途铅蓄电池的容量状态。在标度盘上直接指示"充足""正常""重充""放完"等，快速直观地对蓄电池做出质量判断。

本产品与蓄电池配用还可检查汽车的前照灯开关、尾灯开关、继电器开关、起动开关等各种电器开关的质量。

FY54蓄电池容量测试仪外形如图2-68所示。

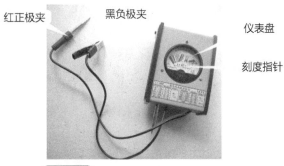

图 2-68　FY54 蓄电池容量测试仪外形

2. 结构特点

本产品由直流电压表、负载电阻、外壳和测试夹、触头等组成，仪表标度盘标有各种蓄电池的容量状态指示，以白、绿、黄、红四种区域颜色分别表示"充足""正常""重充""放完"。仪表正面附有各种气缸容积的汽车发动机所需蓄电池规格的对照牌，供用户参考。仪表刻度盘如图2-69所示。

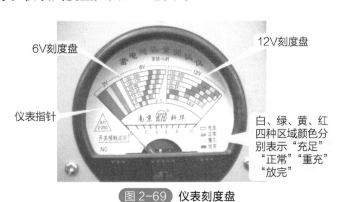

图 2-69　仪表刻度盘

3. 技术参数

被测蓄电池额定电压：2V、6V、12V。

被测蓄电池额定容量：2~150A·h。

外形尺寸：210mm × 124mm × 68mm。

质量：约0.82kg。

4. 使用方法

使用前，应先检查仪表指针是否指在标度盘左端的零位上，如不指在零位，可旋转表盖中部的调零器，使指针指在零位。

1）蓄电池测试。

将仪表的夹子接蓄电池负极，红色表棒接蓄电池正极，测试2V单格蓄电池时读视左端0~2.5刻度。

测试6V蓄电池时，按不同的容量读视6V箭头所指的六条刻度（刻度旁数字系蓄电池的容量范围，如120A·h等）。测试12V蓄电池，则按不同的容量读视12V箭头所指的五条刻度。

当所测蓄电池的额定容量和仪表标度盘上所列有出入时，可选读相近的刻度。如测试150A·h的蓄电池时，读视120（6V）或100～120（12V）刻度。

蓄电池测试如图2-70所示。

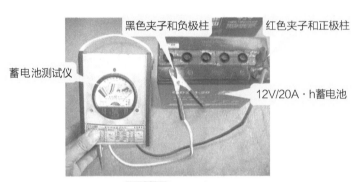

图2-70 蓄电池测试

2）开关检测。

检查汽车上的各种开关质量时，将仪表和开关串接于蓄电池正负极间，将此时的指示刻度与撤去开关后的刻度相比，如相差3格刻度以上，则表示开关质量不好。读视标盘中下部的0~10刻度。

① 每次测试时间不得超过3s。

② 蓄电池液体不足时不能测试。

重点提示　③ 测试仪左下端的锥形触头系与夹子同为负极，测试时也可用该触头测量。

四、"绿盟"牌LY-2型无刷电动车综合检测仪使用技巧

LY-2型无刷电动车综合检测仪外形如图2-71所示。

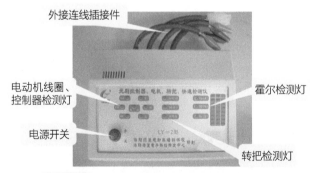

图2-71 LY-2型无刷电动车综合检测仪外形

1. 概述

1）外形尺寸：15cm×9.5cm×7.5cm。

2）本机首次采用微机控制芯片，能够进行转把、助力传感器、无刷控制器、电动机线圈、电机霍尔元件测试，是维修电动车的必备工具。

2. 转把、助力传感器的检测和故障识别的操作技巧

（1）转把检测 连接被测转把时，先不要打开红色电源按钮开关，把被测转把上的三根线与仪器上的"测转把"连接，连接时一定要确认好转把上的三根线，即红色接红色，黑色接黑色，绿色接其他一根，然后打开仪器红色开关按钮，缓缓转动转把，如果看到面板上"测转把"灯从不亮渐渐变至最亮，这是一个正转，并且完好；如果灯从亮到不亮，则为反转把，并且完好。

如果检测时发现"测转把"灯一直亮，说明转把内霍尔元件击穿；若出现微亮，则说明转把内霍尔元件截止不彻底，不能使用。若调节转把，"测转把"灯一直没有变化，则说明转把内部磁铁脱落或者霍尔元件损坏。

转把检测如图2-72所示。

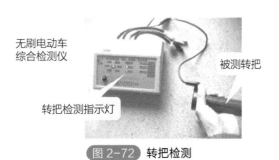

无刷电动车
综合检测仪

被测转把

转把检测指示灯

图 2-72 转把检测

（2）助力传感器检测 检测助力传感器与检测转把方法基本相同，把助力传感器三根线与面板的"测转把"三根线相连，然后转动脚蹬，会发现"测转把"灯不停闪烁，若不亮或一直亮，则助力传感器与塑料磁盘有距离或者助力传感器内霍尔元件损坏。

3. 无刷控制器检测及故障识别的操作技巧

（1）连接控制器

1）将本仪器中"控制转把线"与控制器转把线连接。

2）"控制器霍尔线"与控制器霍尔线连接。

3）"电机控制器公用相线"与控制器三根相线连接。

4）"控制器电源"与控制器供电电源连接（正负极不能接错）。

5）充电器插孔插到"充电器插座"（请选用与被测控制器电压相符的电动车充电器）。

（2）控制器检测

1）确认控制器与本检测仪连接正确后，接通充电器电源，此时观看面板中"控制5V"灯是否点亮，如果不亮，可断定控制器没有5V输出，则控制器坏；如果"控制

5V"灯有规律地闪烁，则可以断定控制器5V输出正常，可进行下一步操作。

2）调节仪器面板控制器转把调节旋钮，顺时针慢慢旋转，此时观察检测仪面板左侧HA、黄、HB、绿、HC、蓝这六个灯（HA、黄为一组，HB、绿为一组，HC、蓝为一组）是否交替闪亮，如果灯都不亮，说明控制器已经损坏；如果一组灯不亮，则说明控制器上与灯对应的相线没有输出（仪器引出线与面板所标颜色相对应），需要检修控制器对应部分（一般为MOS管损坏）；如果三组灯交替闪烁，则看其亮度是否随面板调节旋钮转动而有所变化（由不亮到亮，亮暗区分），若有变化，则正常，若无变化，则为控制器控制部分失控。控制器检测如图2-73所示。

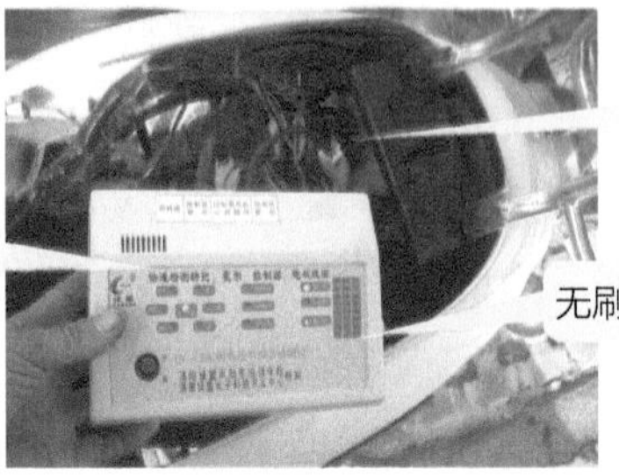

图 2-73　控制器检测

4. 检测无刷电动机的故障及自动识别相位角、相位的操作技巧

（1）电动机绕组检测　用本测试仪的"电动机控制器公用相线"的三只夹子分别连接电动机引出的三根相线（通常电动机引出线为蓝、绿、黄粗线），无需考虑颜色和顺序，可以随意连接，然后顺时针转动电动机（沿电动车正常的前进方向转动），可以看到测试仪上第一排三个指示灯（LED）点亮且闪烁，这样即为正常；如果有一个或两个、三个不亮，即为有故障，其中哪个指示灯不亮，说明这一组绕组有故障或者有接触不良。电动机绕组检测如图2-74所示。

图 2-74　电动机绕组检测

（2）电动机霍尔元件检测　用本测试仪的六芯插头连接好电动机的六芯插接件（电动机的五根细线，颜色为红、黑、蓝、绿、黄），除了红、黑线必须正确连接以外，其他可以随意连接，然后缓缓地顺时针转动电动机（沿电动车正常的前进方向），可以看到测试仪的第二排三个指示灯（LED）交替发光，说明电动机霍尔元件正常；如果有一个、两个或三个指示灯一直不亮或者一直亮，说明这一组霍尔元件有故障或者接触不良。电动机霍尔元件检测如图2-75所示。

图2-75 电动机霍尔元件检测

（3）电动机相位角检测 用本测试仪的六芯插头连接好电动机的六芯插接件（电动机的五根细线，颜色为红、黑、蓝、绿、黄），除了红、黑线必须正确连接，其他引线可以随意连接，然后观察仪器上的60°指示灯，灯亮为60°电动机，灯不亮为120°电动机（不需转动电动机）。

🔍 特别指示

① 使用时，请不要用力拉拔本测试仪的插头线。
② 请不要将测试仪放置在高温的地方。
③ 尽量不要让测试仪导线沾染油等腐蚀性物品。
④ 仪器不用时请关闭本仪器上的开关，使用时打开开关（测量电动机绕组时无需打开开关，只有在测量电动机霍尔元件和电动机相位时才需要打开开关）。

五、"绿盟"牌LY-3型电动车四大件检测仪使用技巧

1.产品介绍

电动车四大件检测仪是集检测充电器、控制器、电机、蓄电池合四为一的检测仪器，专业全面检测引起电动车里程不足的各种因素。本产品功能齐全、性能优越、操作简单、携带方便，本产品很大程度上提高了电动车经销商的售后服务质量。LY-3型电动车四大件检测仪外形如图2-76所示。

2.技术参数

显示电源：直流5V±1V。

采样速率：5次/s。

显示数码管：0.56in（1in=2.54cm）。

零点显示：自稳定。

超限显示："EEE"或"—EEE"。

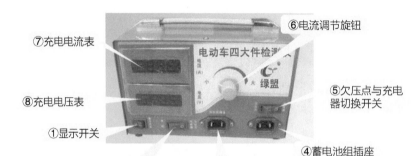

图 2-76　LY-3 型电动车四大件检测仪外形

3. 使用方法

LY-3 型电动车四大件检测仪面板如图 2-77 所示。

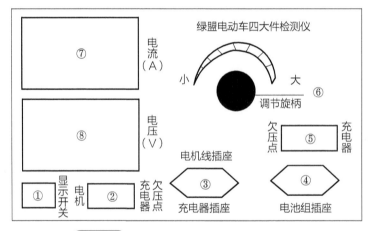

图 2-77　LY-3 型电动车四大件检测仪面板

4. 检测充电器性能

1）开启显示开关①，调节⑥至最小位置。

2）充电器接上 220V 交流电，输出插头接入③，⑧显示充电器静态电压（触发式充电器不显示电压），②、⑤均切换在充电器挡位，⑦显示充电电流，⑧显示充电电压。

3）对于触发性充电器及需知充电器最大电流的，④接入极性一致的蓄电池组（电池不欠充），②切换在电动机挡位，⑦显示充电器最大充电电流值。触发性充电器②切换到充电器挡位，⑦显示充电电流。

4）调节⑥就能测定该充电器是否变绿灯及变绿灯前后充电器的电流、电压参数。充电器检测如图 2-78 所示。

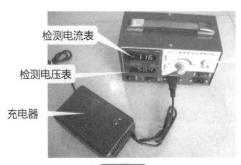

图 2-78　充电器检测

5. 检测控制器欠压保护点

1）支起电动车支架，关闭电动车电源开关。

2）蓄电池组与控制器电源输入插头分离，开启显示开关①。

3）蓄电池组接入④，控制器电源输入插头接入③，②、⑤均切换在欠电压点挡位，⑧显示蓄电池组电压，⑦显示为零。

4）开通电动车电源开关，⑦显示的电流值即为电动车开锁电流。

5）调节⑥至最大后，慢慢转动电动车转把，⑦显示的电流值逐渐上升，⑧显示的电压值逐渐下降，直至电动车控制器断电；由于蓄电池容量足，控制器不断电的，此时从大到小调节⑥直至控制器断电，⑧显示的电压即该控制器欠压保护点。

6. 检测电动机电流

1）支起电动车支架，关闭电动车电源开关。

2）蓄电池组与控制器电源输入插头分离，开启显示开关①。

3）蓄电池组接入④，控制器电源输入插头接入③，②切换在电动机挡位，⑧显示蓄电池组电压值，⑦显示为零。

4）开通电动车电源开关，⑦显示的电流值即为电动车开锁电流。

5）转动电动车转把至转速最大，⑦显示的电流值即为电动机空转电流。

6）放下支架，电动车负载起动，⑦显示的电流值即为电动机起动电流。

7）无坡度，电动车保持行驶速度最大，⑦显示的电流值即为电动机平行电流。

8）电动车加重负载（或顶墙）至控制器断电保护，⑦显示的电流值即为控制器限流保护点。

7. 检测蓄电池

1）开启显示开关①。

2）②切换在电动机挡位，充满电量的蓄电池组接入④，放电电阻（或电热丝）接入③，⑧显示电压值，⑦显示放电电流。

3）根据需要调节放电电阻确定放电电流值，放电过程保持放电电流值，蓄电池的放电时间就确定了蓄电池容量。

六、"绿盟"牌便携式蓄电池激化仪

1. 产品介绍

该机采用先进的复合正负脉冲波专利技术，可有效去除蓄电池内的硫化物，激化因用户忘记充电造成亏电的蓄电池，有效率达95%。"绿盟"牌便携式蓄电池激化仪外形如图2-79所示。

2. 产品功能

该机电源采用家用220V交流电源，使用方便，可以对电压48V、36V、24V、12V，容量12~32A·h亏电"饿死"的蓄电池进行激活再生，恢复原蓄电池容量的95%以上，激活率达95%，激活效果显著。

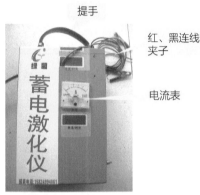

图 2-79 "绿盟"牌便携式蓄电激化仪外形

七、"绿盟"牌 LM-2 电动车快速充电站使用技巧

LM-2投币式电动车快速充电站是一款具有液晶显示，充电过程全程语音提示，以及LED显示模块的快速充电设备。该设备适用于电动自行车、电动三轮车、电动汽车铅酸蓄电池快速充电，可同时对4辆电动车进行充电。投币一元充电时间10min，骑行15min，耗电0.1kW·h，成本5分钱，可快速有效解决电动车中途没电的困难。

该机无需专人值守，是适合商场、报亭、小区、电动车维修部、蓄电池维修部的便民服务设施，设备小，耗电省，回报率高。

"绿盟"牌电动车快速充电站有1路、2路、3路和4路等规格。下面以"绿盟"牌LM-2双路电动车快速充电站为例说明其使用技巧，该仪器外形如图2-80所示。

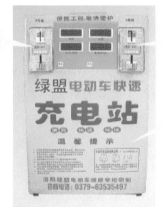

图 2-80 LM-2 电动车快速充电站外形

1. 使用特点

1）设备采用单片机智能控制设计，使用简单，到时警告、自停。

2）电路采用自动极性转化，无需担心电池极性问题。

3）自动电压识别，并根据蓄电池电压自动调整充电参数，保证蓄电池寿命和安全。

4）充电时间可调，可显示充电倒计时。

5）采用国际先进的脉冲充电技术（马斯充电曲线），集充电+修复+维护于一体。

6）内置风扇，帮助散热，提高设备的稳定性。

7）充电过程全程语音提示，结束提示，完全智能化。

8）充电电压显示功能，使用方便。

9）充电时间可调，总投币计数保存。

10）机箱采用汽车喷漆涂层，机箱边槽防水设计。

2.技术指标

1）充电路数：2路。

2）输入交流电压：220V±20V。

3）交流熔丝：20A。

4）蓄电池充电电压：80V/72V/60V/48V/36V自动识别。

5）单路最大输出电流：10A。

6）空载功率：10W；最大功率：1800W。

7）设有熔断装置，具有过载保护功能。

8）安装使用方便，具备220V交流电源即可安装。

9）具有识别真假币、防钓币、防伪币功能。

10）本机一次最多投币5枚，投币1元，充电时间10min，带投币计数器功能，方便管理。

3.蓄电池充电电压参数

常用的蓄电池充电电压为45V（36V电动车）、60V（48V电动车）、75V（60V电动车）、80V（64V电动车）。

4.使用技巧

1）使用前请仔细阅读产品说明书，了解机器的各项功能。

2）插上220V交流电源，打开电源开关，投币器上方显示屏显示"00.00"。

3）将充电线插入电动车充电插头，显示屏上方显示电池电压，下方显示充电时间，语音提示："请投币"。

4）从投币口投入一元硬币，语音提示："现在正在充电，请稍候。"充电站开始工作，此时时间显示屏倒计时。

5）等时间归零后，机器自动断开充电电源，充电结束，语音提示："充电已完成，请断开连接线"，即可拔下电池连线。

6）本机一次最多可投5个硬币，如需再次充电，需等这次充电时间结束后，方可再次投币。

7）显示屏下面有个黑色按键，按一次显示充电电流，再按一次显示总投币数。

8）充电时间设定：本机出厂时设定为投币1元，充电10min。

🔍 特别指示

① 充电站不插蓄电池工作时，输出端子无电压。

② 单路每次充电完毕后，必须等电压表归零后，再进行第二次充电，以免造成仪器损坏。如果充电中途中断充电，应关闭总电源开关，然后再打开，才能进行下次充电。

③ 充电站只能作为应急补充充电，不能作为日常充电使用，需要充电时，充电时间不宜超过60min。

④ 外接电源插座时，应选用1.5m以上电源线。充电站如果安装在室外，应做好防雨。

⑤ 当电动车蓄电池组有故障或蓄电池损坏时，充电站将不能正常工作。

⑥ 使用前请接好地线再开始使用。

八、"绿盟"牌LY-5蓄电池容量检测仪使用技巧

"绿盟"牌LY-5蓄电池容量检测仪，又称放电仪，是专业蓄电池检测放电机型。LY-5蓄电池容量检测仪外形如图2-81所示。

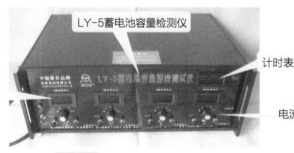

图 2-81 LY-5 蓄电池容量检测仪外形

1. 概述

LY-5蓄电池容量检测仪采用精密电子电路，可同时对四块12V蓄电池进行5A、7A、8.5A、10A恒流放电检测，精确度高，安全可靠，使用方便，并可对蓄电池进行深放电到0V。例如，用户对新出厂12V/10A·h蓄电池进行5A检测，正常可放电120min，用户可以据此对比判断蓄电池容量。

2. 技术参数

输入电压：220V ± 10V。

检测蓄电池电压：12V。

检测蓄电池容量：10~24A·h。

放电电流设定：5A、7A、8.5A、10A。

电压显示：00.00~99.99 V。

电压显示精度：± 0.1V。

放电截止电压：10.5V ± 0.1V。

外形尺寸：570mm × 400mm × 200mm。

机箱交流熔丝：220V/3A。

3. 仪器使用技巧

1）插上220V电源，打开电源开关。红色"电源指示灯"点亮，这时四路数字电压表同时点亮，分别显示："00.00"。

2）把仪器附件中所带的输出连接线一端跟仪器输出端子接好，红线（正极）接仪器上红色端子，蓝（黑）线（负极）接仪器上黑色端子（注意正负极不可接反）。另一端跟需要检测的单只12V蓄电池连接好，红线接蓄电池的正极，蓝（黑）线接蓄电池的负极。

3）转动放电波段调节开关，选择放电电流安数。12V/10~12A·h蓄电池选5A放电；12V/14A·h蓄电池选7A放电；12V/17A·h蓄电池选8.5A放电；12V/20A·h蓄电池选10A放电。

4）蓄电池放电截止电压为10.5V（± 0.1V），当被检测的蓄电池电压下降到10.5V时，微机警告器发出警告，记录放电时间后，蓄电池检测即可终止。（如用户关闭警告开关仍可继续放电）。

5）放电完毕后，务必先转动放电调节开关到"关"停止放电，再拔下蓄电池一端连线，后关闭电源，拔下电源插头。

LY-5蓄电池容量检测仪工作图如图2-82所示。

LY-5蓄电池
容量检测仪

被放电蓄电池

图 2-82　LY-5 蓄电池容量检测仪工作图

4.蓄电池容量计算公式

放电时间（h）×放电电流（A）＝蓄电池容量（A·h）。例如：如果蓄电池外壳标称容量为10A·h，放电2h，放电电流设定为5A，那么检测的蓄电池容量为：2h×5A=10A·h。

🔍 **特别指示**

① 本仪器为精密电子仪器，要放置在通风良好的桌面上使用。

② 蓄电池在检测过程中会放出热量，仪器的后面板要距离墙不少于20cm。仪器侧面的散热孔不能被堵住，以免影响通风散热，造成仪器损坏。

③ 仪器使用时先打开电源总开关，待蓄电池夹好后，再打开放电开关。仪器不用时，应先关闭放电开关，再关闭总电源开关，严禁带电插拔蓄电池连线，以免造成机器损坏。

④ 所检测蓄电池电压必须与机器额定电压一样，并且机器连线与蓄电池的正负极接线正确，否则，蓄电池容量检测仪无法正常工作并导致电路损坏。

⑤ 应严格按操作说明使用，严禁正负极接反。严禁多块蓄电池串联使用，否则会造成仪器损坏。

九、"绿盟"牌LY-6五合一蓄电池脉冲修复仪使用技巧

1.产品概述

本修复仪智能控制产生的谐振式复合正负脉冲波，可以同时修复36V/10~24A·h一组、48V/10~24A·h两组，共11块蓄电池。只需1~2天时间（具体时间取决于蓄电池容量和硫化程度），便可清除电池极板硫化物，修复率可达90%。同时可对2块12V蓄电池进行恒流放电检测。LY-6五合一蓄电池脉冲修复仪外形如图2-83所示。

电流表　电源开关

LY-6五合一蓄电池脉冲修复仪　计时表　电压表

图2-83 LY-6五合一蓄电池脉冲修复仪外形

2.技术参数

1）工作电压：交流220V、50Hz。

2）整机工作效率≥90%。

3）蓄电池修复：可对一组36V/10~24A·h、两组48V/10~24A·h蓄电池同时进行修复。

4）放电检测：对2路12V单块蓄电池进行放电检测，放电电流5A/7A/8.5A/10A可调。

5）冷却方式：对流风冷结构。

6）外形尺寸：580mm×400mm×200mm。

7）机箱前面板交流熔丝：220V/3A。

8）机箱前面板防反接保护熔丝：36V为3A，48V为5A。

9）输入、输出双回路保险。数码显示充电时间，稳定性好，显示清晰，精度高。

3. 适用范围

主要适用于电动车、电摩托车、不间断电源（UPS）等铅酸蓄电池修复。1路适用于36V/10~24A·h，2/3路适用于48V/10~24A·h容量的蓄电池。本产品作用：对报废、寿命将近终止的电池修复，清除不可逆硫酸盐化，延长蓄电池使用寿命，提高蓄电池的容量。

4. 本产品主要原理

铅酸蓄电池修复仪采用电子扫频谐振式复合正负脉冲波和微充电电流，不间断地发出特定频率、特定波形的电脉冲波，用以清除极板上的硫化物结晶，并防止新的硫化物结晶产生。微充电电流用以补偿电池自放电损耗。电脉冲波能够使硫酸结晶体化为细小晶体，使其能够正常地参与充放电的电化学反应，彻底解决了电池的不可逆硫酸盐化问题。

5. 准备工作

1）蓄电池补充电解液或蒸馏水。

2）工具：螺丝刀、万能胶、吸管（可用一次性针管去掉铁针头代替），吸管直径要合适。

3）开盖：顺着排气孔撬电池上方的盖板，一些电池的盖板是万能胶粘接的，打开后内有塑料盖或橡胶帽。注意：打开盖时不要损坏盖板。

4）开排气阀：打开橡胶帽（注意安全，防止硫酸外溢，应带上劳保手套和眼镜），露出排气孔，通过排气孔可以看到电池内部，一些电池的排气孔是螺旋盖或橡胶帽，周围有填充物，注意保管好。

5）加液：用吸管加蓄电池电解液，要恰好覆盖极板2mm。

6. 修复电池方法

1）把电池立即接入放电正负端子进行放电，每块电池放电到10.5V，做好时间记录，然后继续放电到3~4V（深放电只可进行一次）。

经过放电后的电池，根据时间多少分别进行组合（时间接近、电压电流接近的进行配组，三块或四块电池的容量差越小越好）。

2）将需要修复电池连接好，接入相应的修复端子，正负极不可接反，确认无误后先打开电源开关，再打开修复开关，观察电流表应有修复电流，各修复端均可同时修复。修复时间10~12h，根据电池容量而定。在整个修复过程中注入电池的修复液一定要保持在富液状态。电池初次修复工作结束后，应静置2h。

7. 检查

1）初次修复充电结束后，检查电池表面是否有修复液，如果没有修复液，应该补充修复液。放电测试容量，每块电池放到10.5V为止，如个别电池电压偏低，关闭此路，等其他电池放电降至电压相同，再次重复修复充电，通过两充一放基本可达到相同容量。

2）整组电池中个别容量较差的可挑选出来与其他组中的电池进行配组修复。

3）盖上排气阀并检查是否完好，如排气阀坏，则需要更换。盖上电池盖板，如果是胶接的应该涂胶、粘接。

4）修复好的电池应放电检测，每块电池终止电压为10.5V，放电时间达100min，证明被修复电池容量已达85%，交付使用。

8. 注意事项

1）修复仪与被维护保养的电池额定电压必须一致。

2）修复仪的工作电源为：220V/50Hz。使用中应当注意不能接触电池酸液，以免引起酸液渗透、腐蚀造成危险。

3）电解液要加电池补充液，切记不能加原液、自来水或含有重金属离子的水。

4）定期对修复仪的使用情况进行检查，并定期对铅酸蓄电池进行容量检测。

5）修复期间严格记录电池的初始状态和修复效果，并存档保留记录。

6）仪器使用时先打开电源总开关，待电池夹好后，再打开修复或放电开关。仪器不用时，应先关闭修复或放电开关，再关闭总电源开关，严禁带电插拔电池连线，以免造成机器损坏。非本厂人员不得打开仪器，否则后果自负。

7）本仪器为精密电子仪器，要放置在通风良好的桌面上使用。电池在检测过程中会放出热量，仪器的后面板要距离墙不少于20cm。仪器侧面的散热孔不能被堵住，以免影响通风散热，造成仪器损坏。

8）使用时应严格按操作说明使用，严禁正负极接反。

十、"绿盟"牌LY-7蓄电池脉冲修复仪使用技巧

下面以"绿盟"牌LY-7蓄电池脉冲修复仪为例说明其使用方法，该仪器外形如图2-84所示。该仪器工作图如图2-85所示。

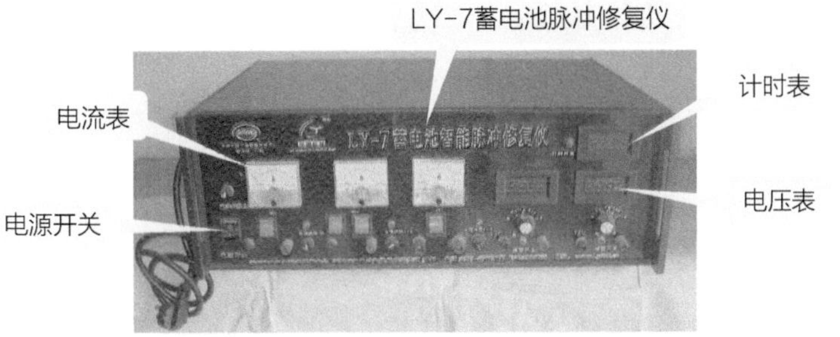

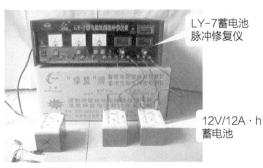

图 2-84　LY-7 蓄电池脉冲修复仪外形

图 2-85　LY-7 蓄电池脉冲修复仪工作图

1. 产品概述

本修复仪智能控制产生的脉冲波，可以同时对36V/10~24A·h一组、48V/10~24A·h两组、24V/100A·h一组，共9块蓄电池同时进行修复，同时可对两块12V蓄电池进行放电检测。只需1~2天时间（具体时间取决于蓄电池容量和硫化程度），便可清除蓄电池极板硫化物，修复率可达90%以上。本产品作用为无损修复、清除不可逆硫酸盐化、延长电池寿命。

2. 技术参数

1）交流输入：220V±22V、50Hz。

2）整机工作效率≥90%。

3）放电检测：可对两块12V蓄电池进行放电检测，放电电流5A、7A、8.5A、10A任意设定。

4）修复充电：左起1路可修复36V/10~24A·h蓄电池一组，修复电流2A，可修复36V蓄电池组。左起2路可修复48V/10~80A·h蓄电池一组，一个开关开时修复电流3A，两个开关开时修复电流6A，可修复48V蓄电池组。左起3路可修复24V/120A·h以下蓄电池，修复电流10A。

5）冷却方式：对流风冷结构。

6）外形尺寸：580mm×400mm×200mm。

7）机箱交流熔丝：10A。

8）1路36V直流防反接熔丝：3A；2路直流防反接熔丝：10A；3路直流防反接熔丝：15A。

9）输入、输出双回路保险。

10）数码显示充电时间，稳定性好，显示清晰，精度高。

3.适用范围

主要应用于汽车、电动三轮车、电动自行车、10~120A·h容量的铅酸蓄电池。

4.技术原理

本产品采用谐振式复合正负脉冲波，不间断地发出特定频率、特定波形的电脉冲波，治疗"生病"的极板。电脉冲波能够使硫酸盐晶体重新化为细小晶体——电化学活性高的可逆硫酸铅，使其能够正常参与充放电的电化学反应，彻底解决了电池的不可逆硫酸盐化问题。只需1~2天时间（具体时间取决于电池容量和硫化程度），便可清除电池极板硫化物，修复率可达90%以上。

十一、"绿盟"牌LY-9蓄电池检测修复组合柜使用技巧

下面以"绿盟"牌LY-9蓄电池检测修复组合柜为例说明其使用方法，该仪器外形如图2-86所示。该仪器工作图如图2-87所示。

图 2-86 LY-9 蓄电池检测修复组合柜外形

图 2-87 LY-9 蓄电池检测修复组合柜工作图

1.概述

本修复仪智能控制产生的正负脉冲波，可以同时对6组蓄电池进行修复。只需1~2天时间（具体时间取决于电池容量和硫化程度），便可清除电池极板硫化物，修复率可达95%，同时可对6块12V蓄电池进行精密恒流放电检测。

蓄电池检测修复组合柜是专为蓄电池维护、维修店，电动车经销商、电池经销商售后服务使用而生产的一款综合中型检测修复系统。本机功能完善先进，真正地从蓄

电池的维修原理着手，从根本上延长了蓄电池的寿命，是蓄电池维修行业的理想配套设备。

2.适用范围

主要适用于修复电动车、电摩托车单只12V/（10~100A·h）的铅酸蓄电池。对容量降低、寿命将近终止的蓄电池进行修复，清除不可逆硫酸盐化，延长蓄电池寿命，改善蓄电池的工作状态。

3.技术参数

1）交流输入220V±22V、50Hz。

2）整机工作效率≥95%。

3）第一层放电检测：可对6只12V蓄电池进行精密恒流放电检测，放电电流5A/7A/8.5A/10A可调。

4）第二层蓄电池修复：左起1路各设两路开关，1个开时电流3A，2个开时电流6A，可对电压48V、100A·h以下蓄电池进行修复。左起第2路电压24V，修复电流10A，可对100A·h以下蓄电池进行修复。左起3、4路电压48V，修复电流1.8A，可对24A·h以下蓄电池修复。左起5、6路电压36V，修复电流1.8A，可对24A·h以下蓄电池修复。修复时间按蓄电池容量和修复电流定时设置，到时自停。

5）冷却方式：直通风冷结构。

6）外形尺寸：长900mm×宽350mm×高1200mm。

7）交流熔丝：220V/10A。

8）直流防反接保护熔丝第1路为10A；2路为15A；第3、4路为5A；第5、6路为3A。

9）输入、输出双回路保险。

10）数码显示充电时间，自行定时，到时自停。

4.主要原理

铅酸蓄电池修复仪采用电子扫频谐振式复合正负脉冲波和微充电电流，不间断地发出特定频率、特定波形的电脉冲波，用以清除极板上的硫化物结晶，并防止新的硫化物结晶产生。微充电电流用以补偿电池自放电损耗。电脉冲波能够使硫酸结晶体化为细小晶体，使其能够正常地参与充放电的电化学反应，彻底解决了电池的不可逆硫酸盐化问题。

5.注意事项

1）修复仪与被维护保养的电池额定电压必须一致。

2）修复仪的工作电源为：220V/50Hz。使用当中应当注意不能接触电池酸液，以免引起酸液渗透、腐蚀，造成危险。

3）电解液要加蓄电池补充液，切记不能加自来水或含有重金属离子的水。

4）定期对修复仪的使用情况进行检查，并定期补充电解液。

5）修复期间严格记录电池的初始状态和修复效果，并存档保留记录。

6）仪器使用时先打开电源总开关，待电池夹好后，再打开修复或放电开关。仪器不用时，应先关闭修复或放电开关，再关闭总电源开关，严禁带电插拔电池连线，以免造成机器损坏。非本厂人员不得打开仪器，否则后果自负。

7）本仪器为精密电子仪器，要放置在通风良好的地方使用。电池在检测过程中会放出热量，仪器的后面板要距离墙不少于20cm。仪器侧面的散热孔不能被堵住，以免影响通风散热，造成仪器损坏。

十二、"绿盟"牌LY-10蓄电池检测修复组合系统使用技巧

下面以"绿盟"牌LY-10蓄电池检测修复组合系统为例说明其使用方法，该仪器外形如图2-88所示。该仪器工作图如图2-89所示。

图2-88 LY-10蓄电池检测修复组合系统外形

图2-89 LY-10蓄电池检测修复组合系统工作图

1.概述

本系统是集放电检测、定时式修复为一体的多功能蓄电池检测修复组合系统，由A、B型两个部分组成。放电检测部分可对12块蓄电池进行电子恒流放电，精确度高，10.5V警告，并可对蓄电池进行深放电。修复部分可同时对12组、200A·h以下蓄电池进行修复，定时式脉冲修复，电子计时，到时自停。修复功能强大，成本低，修复好的电池容量达95%以上，最大程度延长电池寿命。

2. 适用范围

蓄电池检测修复组合系统是专为蓄电池生产厂家，蓄电池维护、维修店，电动车经销商、电池经销商售后服务使用而生产的一款综合大型检测修复系统。本机功能完善先进，真正地从蓄电池的维修原理着手，从根本上延长了蓄电池的寿命，是广大蓄电池维修行业的理想配套设备。

3. 技术参数

1）交流输入220V ± 22V、50Hz。

2）整机工作效率≥95%。

3）A、B外形尺寸：长900mm × 宽350mm × 高1200mm。

4）冷却方式：多通道对流风冷结构。

5）显示方式：数码显示时间、电压，显示清晰。

6）输入、输出双回路保护，稳定性好。

7）修复时间定时设置，到时自停。

4. 性能指标

（1）A型、B型检测系统　第1层可对12块12V蓄电池放电检测，放电电流5A/7A/8.5A/10A恒流任意设定，10.5V警告，关闭警告开关仍可继续深放电。

（2）A型修复系统　第2层可对共6组蓄电池进行修复。

1）第1、2、3路修复电压48V，修复脉冲电流3A。可对48V/24A·h以下蓄电池进行修复。此3路可修复48V蓄电池组。反接熔丝为5A。

2）第4、5、6路修复电压36V，修复脉冲电流2A，可对48V/24A·h以上蓄电池进行修复。此3路可修复36V蓄电池组。反接熔丝为3A。

（3）B型修复系统　第2层可对共6组蓄电池进行修复。

1）第1、2路修复电压48V，设两个开关，一个开关开时修复脉冲电流3A。两个开关开时修复脉冲电流6A。可对48V/100A·h以下蓄电池进行修复；此2路可修复48V蓄电池组。反接熔丝为10A。

2）第3、4路修复电压48V，修复脉冲电流3A，可对48V/24A·h以上蓄电池进行修复。此2路可对48V蓄电池组修复。反接熔丝为5A。

3）第5、6路修复电压24V，修复脉冲电流10A，可对24V/200A·h以下蓄电池进行修复。此2路反接熔丝为15A。大蓄电池修复前必须加入适量修复剂。

第三章

电动自行车、三轮车、代步车
附属部件及维修方法

第一节 附属电子部件的原理和维修方法

一、转把的工作原理和维修方法

1. 转把的工作原理

转把的作用是调整电动机转速，所以转把又叫调速转把。目前电动车上普遍采用霍尔型转把。转把由霍尔元件、磁钢、复位弹簧和胶木构成，如图3-1所示。

转把的3根引出线就是霍尔元件3个引脚的引出线，分别是红色电源+5V线、黑色公共负极线、绿色（或蓝色、白色）转把信号线，如图3-2所示。

扫码看视频

胶木

磁钢

3根霍尔元件引出线

复位弹簧

图 3-1 转把的构成

绿色信号线

黑色公共负极线

红色电源正极线

转把

图 3-2 霍尔型转把的3根引出线

2. 转把与控制器的连接方法

转把的3根引出线红、黑、绿分别与控制器的转把3芯插接件红、黑、绿对接。需要说明的是，有的整车厂家用黄色线作为公共负极线，信号线用蓝色线。接线方法如图3-3所示。

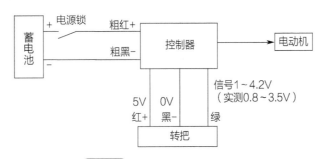

图 3-3　转把与控制器接线方法

3.转把故障现象

转把出现故障时，电动车会出现以下现象：

1）电动机不转。

2）电动机时转时停。

3）电动机转速低。

4）电动车飞车。

4.转把维修方法

（1）测量转把输出电压　打开电源锁，将万用表置于直流电压20V挡，首先测量转把的红、黑供电线电压（5V左右），如图3-4所示。然后转动转把，测量绿色信号线与黑色地线之间是否有1~4.2V（实测0.8~3.5V）的电压变化，如图3-5所示。如果转把输出电压正常，说明转把无故障，否则说明转把出现了问题。

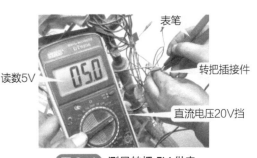

图 3-4　测量转把 5V 供电

读数0.8V

直流电压20V挡

图 3-5　测量转把输出电压

（2）电动车综合检测仪检测　使用LY-2无刷电动车综合检测仪的转把检测功能，检测转把的好坏，既简单又快速。综合检测仪的转把检测如图3-6所示。

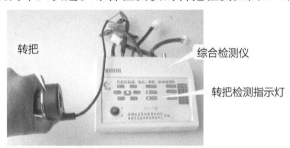

图 3-6　综合检测仪的转把检测

（3）代换法检查　对于转把时好时坏、转速低的故障，也可用代换法检查，就是直接用新的转把接上试转，如果转速正常，说明原转把已损坏。

（4）断开法检查　对于电动车飞车的故障，可以断开转把与控制器的3根引线后试车，如果不再飞车，说明转把已损坏。

二、闸把的工作原理和维修方法

1. 闸把的工作原理

闸把又叫断电刹车把。闸把有两个功能，一个是断电，一个是刹车。闸把通过控制器向电动机发出停止转动的信号。同时闸把上的机械刹车线制动刹车块，电动机停止转动。闸把外形如图3-7所示。

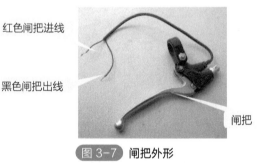

图 3-7　闸把外形

2. 闸把与控制器接线方法

闸把有两条引出线，一条红色进线和一条黑色出线。闸把与控制器相接有两种接法，一种是低电平刹车信号，一种是高电平刹车信号。现在生产的万能控制器一般都配有两种刹车信号线，即低电平刹车线和高电平刹车线。低电平刹车线控制器上有两条引线，高电平刹车线控制器上有一条引线。

1）如果是低电平刹车，控制器上有红、黑两条刹车引出线，分别与闸把的红、黑线对接即可，如图3-8所示。

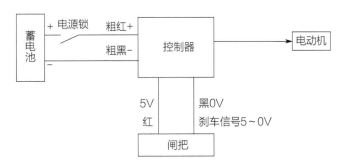

图 3-8　闸把与低电平刹车控制器接线图

2）如果是高电平刹车控制器，控制器上一般只有一条刹车引出线，一般用蓝色线。将这条高电平刹车线与闸把的黑色线对接，同时闸把黑色线要与刹车灯线相接，然后将闸把红色线与转换器的12V输出线对接（如果车上没有转换器，与蓄电池组红色引线对接）。当捏闸把时，闸把开关导通，12V刹车信号给控制器，控制器断开电动机供电，同时刹车灯点亮。闸把与高电平刹车控制器接线图如图3-9所示。

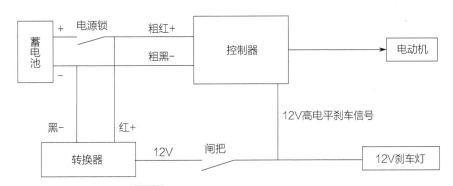

图 3-9　闸把与高电平刹车控制器接线图

3. 闸把故障和维修方法

（1）闸把常见故障　闸把损坏时，电动自行车故障现象如下：

1）刹车不断电。

2）常断电，造成电动机不转。

3）电动机时转时停。

（2）闸把维修方法

1）测电压法：将万用表置于直流电压20V挡，打开电源锁，旋转转把，电动机转动，手捏闸把，测量闸把的红、黑引线之间的电压，应从5V到0V变化，若不变化，说明闸把损坏，应更换新件。测电压法检测闸把如图 3-10所示。

2）测通断法：将万用表置于蜂鸣器挡位，手捏闸把，测量闸把的红、黑引线，应为相通状态，否则说明闸把损坏，应更换新件。通断法检测闸把如图3-11所示。

3）断开法：如果闸把常断电造成电动机不转的故障，断开闸把引线，如果电动机旋转正常，说明闸把损坏，应更换新件。

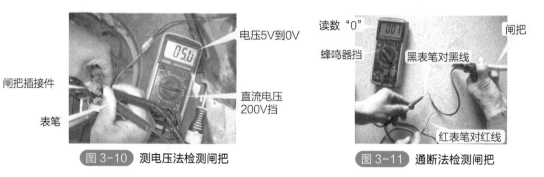

图 3-10　测电压法检测闸把

图 3-11　通断法检测闸把

三、转换器接线与维修方法

1.转换器作用和接线方法

转换器的作用是将蓄电池组的 48V、60V 或 72V 电压转换成 12V 电压（空载测量在 12~13.5V）供给灯具和喇叭使用。转换器有 3 根引线，红色线是蓄电池电源输入线，接电源锁后的蓄电池红色线；黑色线是公共负极线，接蓄电池组黑色负极线；另一条是黄色线（或白色线）为 +12V 输出线，接灯具和喇叭正极线。转换器外形如图 3-12 所示。转换器在整车上的接线方法如图 3-13 所示。

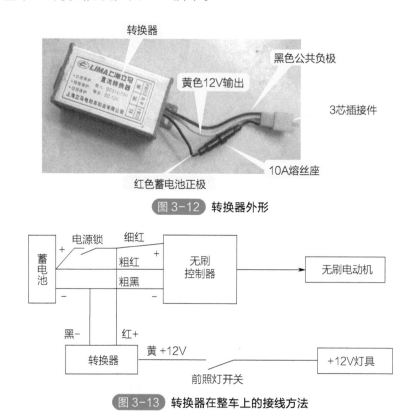

图 3-12　转换器外形

图 3-13　转换器在整车上的接线方法

2. 转换器故障和维修方法

（1）转换器的常见故障 转换器的常见故障是不能输出12V电，如果电动自行车中灯具和喇叭都不工作，说明转换器损坏。

（2）转换器的检测方法 转换器的检测可将万用表置于直流电压200V挡位，打开电源开关，首先测量转换器的输入引线，应与蓄电池组的电压一致，然后测量转换器的输出线，应有12V左右的电压，否则说明转换器损坏，应更换新件。测量转换器的输出线电压如图3-14所示。

图3-14 测量转换器的输出线电压

/名师指导

检修转换器时，注意检查转换器的红色输入引线上，大多数厂家安装有10A熔丝，检修时注意检查熔丝是否损坏，如果损坏，更换同型号熔丝。

四、仪表的作用和维修方法

1. 仪表的作用

仪表的作用是显示蓄电池电量、行车速度、骑行状态、灯具状态等。目前国标电动自行车和电动三轮车仪表采用发光二极管较多，因为它价格低、直观方便。中端车型大多采用指针式仪表，高端车型大多采用液晶式仪表。发光二极管仪表外形如图 3-15 所示；指针式仪表外形如图3-16所示；液晶式仪表外形如图3-17所示。

图3-15 发光二极管仪表外形

图3-16 指针式仪表外形

图3-17 液晶式仪表外形

2. 仪表的接线方法

仪表的红色电源线直接接电源锁后正极线，黑色（或绿色）线接蓄电池组黑色负极线。按供电电压分，有48V仪表、60V仪表和72V仪表等。仪表的接线方法如图3-18所示。

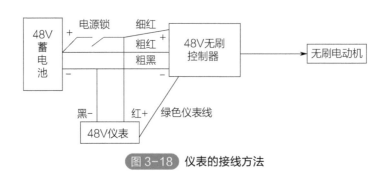

图 3-18　仪表的接线方法

3. 仪表的检测和更换方法

打开电源锁，用万用表的直流电压200V挡，测量仪表的红、黑供电线，应与蓄电池组电压一致，如果有正常电压，仪表无电源显示，说明仪表损坏，应更换新的仪表。仪表的更换一般应选用与原仪表外形和电压一样的进行更换，注意对应正、负极电源线，不可接反。

第二节　代步车专用部件的原理和维修方法

代步车的工作原理与电动自行车基本一样，其电路工作原理大部分也与电动自行车一样。在实际维修中可以参照电动自行车的原理图和参数进行维修。只有个别配件与电动自行车不一样。

一、脚踏调速器

脚踏调速器是将电动自行车的调速转把做成脚踏式，使驾驶者解放双手，操作方便。脚踏调速器的工作原理与转把基本一样，也是通过霍尔元件和磁钢的作用，产生感应电压，通过控制器调整电动机转速。脚踏调速器外形如图3-19所示。

脚踏调速器引出线与转把一样，通常有红、黑、绿3根引线。其中红色是

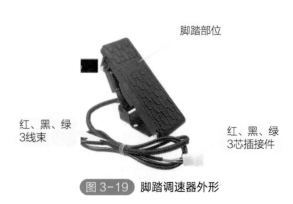

图 3-19　脚踏调速器外形

霍尔元件的+5V，黑色是公共负极，绿色是信号线，分别与控制器对接。3芯插接件有一字形插头，也有品字形插头。如果插接件不对应，可以手工接线。

维修方法与转把的维修方法一样，如果绿色信号线无1~4.2V电压，说明脚踏调速器损坏，应更换新件。

二、三挡调挡开关

代步车的前进、空挡、倒车三挡，通常使用三挡调挡开关实现。三挡调挡开关外形如图3-20所示。

三挡调挡开关与电动自行车转把上带的前进、倒车功能开关一样，接线时与控制器的前进、倒车相接。

在维修时，可以用万用表蜂鸣器挡测量开关的通断，如果不通，说明挡位开关损坏，应更换新件。

三、刮水器电机

代步车一般安装有刮水器，刮水器由刮水器电机带动。刮水器电机一般采用12V供电。刮水器电机外形如图3-21所示。

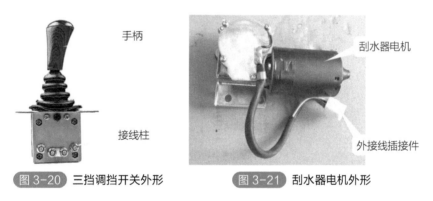

图 3-20　三挡调挡开关外形　　图 3-21　刮水器电机外形

刮水器电机的维修方法是将万用表置于直流电压20V挡，打开刮水器开关，测量刮水器的两根供电线是否有12V电压，如果有电压，刮水器电机不工作，说明刮水器电机损坏，应更换新电机。

四、代步车用电动机与控制器

1.代步车用电动机

代步车用电动机与电动自行车一样，大多采用直流无刷差速电动机，只是电动机供电电压升高为60V或72V，电动机功率较大，一般在1kW以下。直流无刷差速电动机与电动自行车无刷电动机工作原理基本一样，不同之处是电动机半轴中间加了个差速器。差速器一般在使用中要定期更换齿轮油，一般每半年需要更换一次。差速器下方有个放油孔，打开即可放掉旧油，等旧油放完后，拧上螺塞。将差速器上方加油螺塞拧开，加入新的齿轮油，拧紧螺塞。直流无刷差速电动机外形如图3-22所示。差速器和后桥外形如图3-23所示。

8根电动机
引出线

电动机

差速器对接
齿轮

图 3-22 直流无刷差速电动机外形

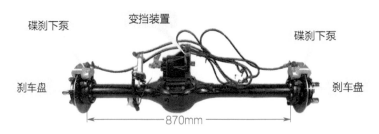

碟刹下泵

变挡装置

碟刹下泵

刹车盘

刹车盘

870mm

图 3-23 差速器和后桥外形

2. 代步车用无刷控制器

代步车用无刷控制器与电动自行车相比，电压和功率增大，电压采用60V和72V，功率采用1kW以上。其外接引出线方法与电动自行车无刷控制器基本一样。60V/1kW无刷控制器外形如图3-24所示。60V/1kW无刷控制器接线图如图3-25所示。

60V/1kW
无刷控制器

外接引线

图 3-24 60V/1kW 无刷控制器外形

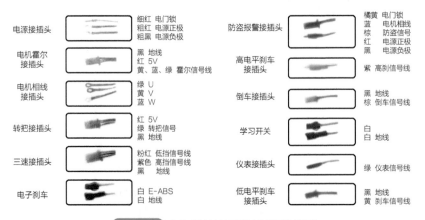

电源接插头		细红 电门锁 粗红 电源正极 粗黑 电源负极	防盗报警接插头		橘黄 电门锁 蓝 电机相线 棕 防盗信号 红 电源正极 黑 电源负极
电机霍尔 接插头		黑 地线 红 5V 黄、蓝、绿 霍尔信号线	高电平刹车 接插头		紫 高刹信号线
电机相线 接插头		绿 U 黄 V 蓝 W	倒车接插头		黑 地线 棕 倒车信号线
转把接插头		红 5V 绿 转把信号 黑 地线	学习开关		白 白 地线
三速接插头		粉红 低挡信号线 紫色 高挡信号线 黑 地线	仪表接插头		绿 仪表信号线
电子刹车		白 E-ABS 白 地线	低电平刹车 接插头		黑 地线 黄 刹车信号线

图 3-25 60V/1kW 无刷控制器接线图

五、代步车用蓄电池和充电器

代步车也是采用铅酸蓄电池，与电动自行车相比，只是蓄电池容量增大到100A·h。100A·h蓄电池外形如图3-26所示。

代步车大容量蓄电池采用大功率充电器，充电器外壳制造成铝壳，以利散热和携带。大功率充电器外形如图3-27所示。

图 3-26　100A·h 蓄电池外形

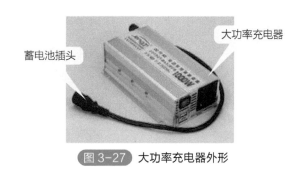

蓄电池插头　　大功率充电器

图 3-27　大功率充电器外形

第三节　其他附属部件维修方法

一、真空胎更换方法

1. 轮胎损坏的现象和原因

1）电动车负载超重，颠簸时轮毂会切轮胎侧边，严重时会造成轮胎侧边开裂或鼓包。

2）胎压异常。胎压过高会很硬，颠簸程度就会增加，骑行舒适性降低，容易造成轮胎损坏。

胎压过低会造成轮胎侧边压扁，轮胎快速磨损，加大行车中的阻力，还会在转弯的时候造成侧滑。

3）骑行中轮胎被钉子等尖物扎穿，洞太大，不好补上。

4）轮胎质量问题。轮胎制造过程中，存在原料和工艺上的缺陷。

5）电动车轮胎一般可以行驶两万千米左右，具体什么时候需要更换新胎，要看电动车轮胎的磨损程度和使用年限。如果胎纹磨损没了，建议直接更换新胎，否则容易打滑，甚至刹不住车，容易发生事故。

2. 真空胎常见型号

电动车轮胎型号可以在轮胎的侧面看到，如图3-28所示，一般由一组数字和字母加起来组成，字母TL代表无内胎轮胎，而字母TT代表有内胎，轮胎侧面标注的字母和数字代表着轮胎的宽度、比例、结构、外径等。

目前，新出厂的电动车基本上都采用真空胎。真空胎是指没有内胎的轮胎，也就是轮胎直接安装在轮毂车圈上。真空胎的优点很多，如果用户在骑行中轮胎突然被钉子扎破，用户先不要拔下钉子，电动车仍然可以骑行到修车店再进行维修，修补也较有内胎的方便省时。真空胎外形如图3-29所示。

轮胎型号 3.00-10

图 3-28 轮胎型号在轮胎的侧面

真空胎，型号 90/90-12

图 3-29 真空胎外形

电动车真空胎常见型号如下：

1）轮胎内径10in系列：3.00-10尺寸；3.50-10尺寸；90/90-10尺寸；120/70-10尺寸；130/60-10尺寸。其中300-10尺寸表示轮胎宽度为3.0in、轮胎内径为10in；120/70-10尺寸表示轮胎宽度为120mm、轮胎厚度为70mm，轮胎内径为10in。

2）轮胎内径12in系列：300-12尺寸；350-12尺寸；90/90-12尺寸。

3）轮胎内径14in常用型号：14-2.5，表示轮胎内径为14in、轮胎宽度为2.5in。

专家指导

轮胎的型号不同，不可以随便给电动车换着用，因为电动车的轮毂和尺寸不一样，不同规格型号的轮胎充气后各种径面都不一样，如果强行安装，轮胎与轮毂不匹配，会造成极大的磨损，甚至直接损坏，特别是真空胎，轮毂和轮胎尺寸不一样，安装轮胎后，不易充气。所以要根据原轮胎的大小进行更换。

电动车轮胎是消耗品，是有使用年限的。轮胎到了使用年限一定要更换，不要看它的外表还好好的，其实内在已经逐渐变得僵硬老化，这也是非常危险的，所以一定要定期更换轮胎。

3.真空胎更换方法

电动车真空胎更换方法如下：

1）工具／原料：新真空胎型号3.0-10、2根撬杠、气门芯扳手、气泵、润滑油。

2）首先把电动车轮轴螺栓、螺母松开取出，然后松开其他部件，将轮毂从车上取下，拆装时注意保护好电动机引出线，以防损坏。取下的轮毂如图3-30所示。

3）把轮胎的气门芯取下，向里压缩轮胎，使空气排净，轮胎与车圈分离。然后使用2根撬杠合力把旧轮胎取下来，如图3-31所示。

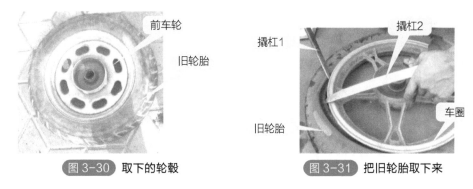

图3-30　取下的轮毂　　　　　图3-31　把旧轮胎取下来

4）将取下车圈用水洗后，使用布擦干净，再安装新外胎在钢圈外面。由于新胎比较厚实、摩擦力较强，所以要先将新轮胎两侧涂上润滑油，如图3-32所示，这样安装和充气方便。

5）观察好车轮和轮胎的行进方向，不要装反轮胎方向，一般轮胎上会标注有箭头，表示前进的方向，如图3-33所示。先将车轮一侧与轮胎一侧安装到位，如图3-34所示。

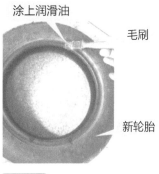

图3-32　新轮胎两侧涂上润滑油

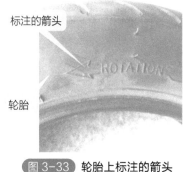

图3-33　轮胎上标注的箭头

图3-34　将轮胎一侧安装到位

6）借助2根撬杠对新轮胎另一侧进行安装，先将一根撬杠插入新轮胎，然后距离3~5cm处，将另一根撬杠插入，交替移动撬杠将新轮胎装入车圈。

7）新轮胎安装好后，将新轮胎充足气。检查轮胎安装完好无损，然后安装在车架上。

技巧与方法

1）真空胎由于轮胎较厚，不好安装，装新轮胎和充气是技术活。记得将要安装的新轮胎两侧的部位涂上润滑油，使安装、充气方便。

2）取下旧轮胎之前，要用气门芯扳手把轮胎内部余气放完，内部有气会给拆卸带来一定困难。

3）由于真空胎胎口过紧，硬撬很容易把圈口和轮胎撬变形，影响轮胎与圈的密封度，容易"跑气"。小技巧：撬杠按周圈反复慢慢往下撬动圈口，最好两边都撬下，让轮胎与圈口分离，然后再来撬轮胎就轻易多了，且不易伤圈。但是不要将新真空胎内钢丝骨架压变形，以免轮胎安装好后，给充气造成困难。

4）真空胎安装好后充气也有一定技巧，首先用气门芯工具将气门芯取下，用气泵直充功能将真空胎先充涨起来，然后再安装好气门芯，充好胎压，安装气门帽。有部分真空胎胎口微松，在打气时容易从圈口漏气，在打气时用手尽可能地将胎口与圈口调节至无缝，最好把气门芯拆掉打气，能更好地使胎口充气"到位"。

5）还要检查气嘴是否损坏，如果损坏，更换相同型号新气嘴。气嘴常见有PVR50、PVR60、PVR70三种型号，俗称小号、中号、大号。PVR50气嘴规格尺寸如图3-35所示。PVR60气嘴规格尺寸如图3-36所示。PVR70气嘴规格尺寸如图3-37所示。

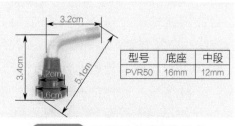

型号	底座	中段
PVR50	16mm	12mm

图 3-35　PVR50 气嘴规格尺寸

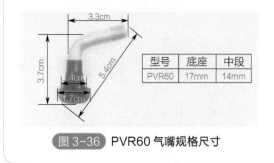

型号	底座	中段
PVR60	17mm	14mm

图 3-36　PVR60 气嘴规格尺寸

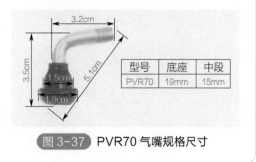

型号	底座	中段
PVR70	19mm	15mm

图 3-37　PVR70 气嘴规格尺寸

二、普通轮胎故障及维修方法

1. 轮胎慢性漏气

（1）排除方法

1）轮胎内的气体2~3天内减少或泄尽，称之为轮胎慢性漏气。首先检查压气螺母是否拧紧，拧紧压气螺母，如图3-38所示。

2）气门芯破裂或气门芯因老化而松软。拧出压气螺母，取出气门芯，更换气门芯。气门芯如图3-39所示。

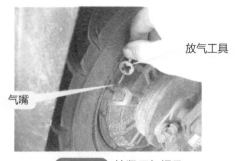

放气工具

气嘴

图 3-38　拧紧压气螺母

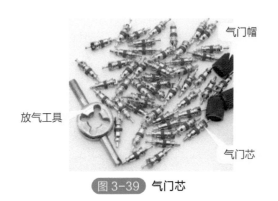

图 3-39　气门芯

3）内胎有微孔等，或外界气温高，补过的地方渗漏。①取出内胎，充气后细心检查，有漏气孔加补。②对补过后的内胎渗漏，则要重新再补，但再补前要把补过的地方全部刮净后才能再补。

（2）内胎的修补方法　首先是找破洞。其方法是给破胎打入适量气体，放入水中，有气泡的地方即是破洞所在。若到处都漏气，不易找到破洞时，可将车胎气门嘴两边折叠移动，如果有气泡，说明气门嘴附近漏气；打气后不漏气或漏气很慢，说明破洞不在此处。可继续逐段检查，直到找出破洞为止。

找到破洞后，用毛巾把破洞处擦干，用砂纸或锉具锉磨伤孔周围，锉面大小适当，须略大于所选胶片。给清理好的部位涂上补胎胶水，须均匀薄涂，约等待2min，让其充分干燥，贴上揭去铝箔的胶片，用滚轮均匀滚压胶片，使其贴接吻合，最后揭去胶片上的保护膜。冷补胶片如图3-40所示。

图 3-40　冷补胶片

2. 轮胎打不进气

1）气门芯的进气孔被堵塞，拧出压气螺母，取出气门芯，用细铁丝或针尖将泥沙污物清除出来，如图3-41所示。如果仍不行，更换新的气门芯。

2）天气过冷，使气门皮管中的水气凝结成冰，堵死通气管。拆下放入热水中融化冰块，甩干水珠。

3）气筒有问题，检查气筒或更换另一个气筒。

图 3-41　清除气嘴内污物

名师指导

车胎的充气方法与保养

充气方法：充气充到一定的气压后，转动轮胎，用手均匀敲击车胎，然后继续充气使车胎与轮圈吻合，以免骑行时出现滑胎现象。

充气要适当，太足则会使行驶时颠簸剧烈，太少则会影响车速和载重，而且会使外胎壁折裂、内胎扎坏。

车胎注入一定气体的目的是：能使电动自行车有一定的弹性，减少径向颠簸力对车圈的冲击；能在电动自行车负载情况下，减小路面同车胎的接触面，以减小摩擦力。为此，在骑行时，胎内气压要合适。胎内气压过大时，车胎容易爆裂，如果过小，则加大与地面的摩擦力，增加不必要的体力消耗，车胎还容易从车轮上滑脱。尤其在骑行时，车胎气压小了，更容易从轮子上滑脱下来，发生危险，导致骑行者受伤。

每次骑行前，要给车胎充好气，进而检查车胎是否漏气，表面有无异物或刺伤部分。在夏季停车后，要将车子置放在阴凉处，避免车胎受热后气体膨胀而爆裂。

如果是更换新车胎，将新胎装好后，应最少骑行50km以上，检查车胎是否良好，确认无问题后，方可继续使用。

三、制动线更换及调节

1.更换制动线

1）去掉制动线末端。首先使用10号套筒扳手放松制动线螺钉，去掉制动线末端，如图3-42所示。将制动线管从车架上抽出，移除制动线。

2）测量旧制动线芯长度，新线芯必须与旧线芯长度一样或稍长点，制动线才能露出固定。换装新制动线前，润滑制动线头端，拉开闸把手尾端，将制动线头端穿入闸把卡槽内，制动线应该在闸把尾端后方出现，把制动线固定好。然后检查制动线移动是否顺畅，需先确定其已被紧紧地固定住，注意不要使制动线纠缠住，因为任何的弯曲都会造成制动线损坏。

3）检视闸把状况，清洁污垢，特别是接近转轴点的地方，在转轴点上轻轻地上一些润滑油，尝试用手握放闸把，如图3-43所示，应可以顺利移动且轻松弹回，如果移动缓慢，更换新闸把。

图3-42 放松制动线螺钉

图3-43 握放闸把试验

2.涨闸更换制动块

1）松开电动机轴两侧的固定螺母，将车轮从整车上取下，从涨闸防护壳中去掉制动块，如图3-44所示。

2）将新制动块装入防护壳中，检查制动块安装方向，应该全指向前方，让制动块与轮圈可以保持一定的距离。调整好制动块位置，将调整螺钉锁好，确定制动块安装正确，如图3-45所示。

图 3-44　去掉旧制动块

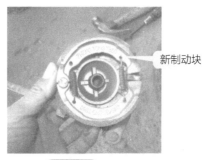

图 3-45　装好新制动块

3）将制动总成装在电动机上并安装在整车上，握放闸把试验，请注意制动臂移动需平均，如果不平均，表示在两制动臂的弹簧张力不均匀，可以用制动臂底部的螺钉来调整。如果只是小调整，使用闸把上的微调即可。如果制动块还没碰到轮圈之前，闸把手已经快要碰到握把，表示制动线太松了。将锁紧螺栓调紧点。转动车轮，检查制动块是否摩擦到轮圈，如果摩擦到轮圈，表示制动线太紧了，将锁紧螺栓调松点，如图3-46所示。

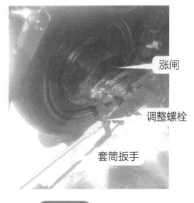

图 3-46　调整制动螺栓

4）用力握放闸把试车，检查制动线锁紧螺钉是否锁紧，把所有螺钉做最后一次的巡察，就可以试车。打开电动自行车开关，转动转把，制动后闸，后轮应停止转动，表示制动正常。

注意事项：

安装时检查刹车是否灵活，在活动关节处最好注入少许润滑油，让其灵活好用。固定刹车螺钉，电机螺钉一定要拧紧，以防发生危险。最后将电机线束用卡子进行固定，以防被减振器、轮胎磨断或蹭破。

3.碟刹检修

现在新出厂的电动车，已经大多采用碟刹系统了，因为碟刹制动效果相对更好，但是结构相对于以前的鼓式刹车系统，比较复杂一些，所以，碟刹系统的使用维护非常重要。

碟刹系统由上泵、下泵、油管和刹车油组成。上泵的作用是打油，使刹车油向下产生推力。下泵主要作用是活塞推动刹车块对刹车盘进行制动。刹车油又称制动液，这是整个碟刹系统中的重要传导媒介，制动液如果质量不好，可能会造成刹不死车或突然抱死。刹车油，按其原料、工艺和使用要求不同，可分为醇型刹车油、合成刹车油和矿物油型刹车油。上泵如图3-47所示。下泵如图3-48所示。优质刹车油如图3-49所示。

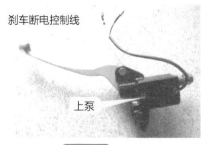

图 3-47　上泵

图 3-48　下泵

检修碟刹系统首先检查外观，检查制动液是否泄漏，若泄漏，说明部件损坏，常见的有上泵和油管漏油损坏，应更换新件。

如果刹车块有异响，可能是制动块碟刹片处有泥沙和杂物，应使用清水清理干净。如果清洗后仍有异响，大多是碟刹片磨损严重，应更换新的碟刹片，还要成对更换。

如果是电动车无刹车，或刹不死，应打开上泵，检查刹车油是否缺油，液面如果低于最低线，要补充新的制动液至上满；如果颜色发生变色或者混浊，说明制动液已经老化需要更换。

图 3-49　优质刹车油

技巧与方法

1. 手捏刹车手柄试验

紧抓刹车手柄，碟刹片要反应迅速，如果感觉刹车动作不干脆，而是像"海绵"一样软绵，碟刹片不能夹紧制动盘，说明制动系统内进入了空气或缺油，会起不到制动作用。

2. 排空气

制动系统内进入了空气，会导致刹不住车而发生事故。制动系统管路内进入空气原因有很多种，如管路密封性不好、天热气化、醇型制动液吸水等。制动系统进了空气，需要及时从下泵上的放气螺塞进行放气，操作时要多次少量排气试验，直到最佳状态。

四、后平叉和立叉的检修与更换

1. 后平叉

后平叉一般无多大问题，主要是安装时或使用路况造成的后平叉螺钉松动，一旦后平叉螺钉松动，则会有后轮的摆动，导致制动时的严重摆尾，高速骑行时车辆的摇晃，脚蹬用力时的掉链。后平叉上电动机接片的强度也很重要，特别是开口的尺寸及刚性，因为在特别场合（如紧急制动），对刚性是一个考验，所以应拧紧电动机轴的固定螺母。后平叉如图3-50所示。

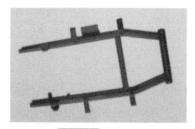

图 3-50　后平叉

2. 前叉

前叉又称方向柱。现一般多用带减振型，电动车前叉由方向柱和减振器两部分构成。市场上有带减振一体型和与减振分体型。前叉比较容易受损，一般的碰撞及强大的俯冲都会使前叉变形受损，损伤的结果是前轮挡泥板与前三角相碰或前轮与塑件相碰，或电动车方向跑偏。

3. 前叉的更换方法

1）首先取下电动车前轮和刹车。把前车轮用专用工具支起来，一般应支在车身中间偏前的部位，这样拆卸前轮就很方便了。

2）前车轮拆卸下来之后，再拆卸电动车龙头部分。使用电动螺丝刀将前面板最上面的两颗螺栓取下，然后取下前面板。这样我们就可以看到固定龙头的穿心螺栓以及固定前叉方向柱的大螺母了。然后取下固定龙头的穿心螺栓，如图3-51所示。

3）固定龙头的穿心螺栓取下来以后，将龙头向上提起，直到全部抽出来，注意保护整车线束，不要损坏，然后放到一边。

4）下一步拆卸前叉，电动车方向柱上面由一大一小两个大螺母固定，拆卸时需要两个32mm和45mm的大套筒，这两种套筒是专门为拆卸电动车方向柱准备的，有了这两种规格的套筒，就能轻松地使用电动扳手将这两个固定螺母拆卸下来。取下方向柱固定螺母后就可以从车上抽出方向柱。电动车方向柱拆卸套筒如图3-52所示。

穿心螺栓

扳手

图 3-51　取下穿心螺栓

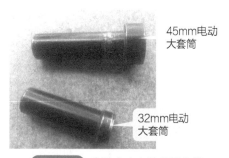

45mm电动大套筒

32mm电动大套筒

图 3-52　电动车方向柱拆卸套筒

5）电动车受到撞击后，一般情况下减振器损坏的不多，主要是上面的方向柱损坏。将电动车方向柱放正，仔细观察会发现立杆变弯，所以需要更换新方向柱。

6）下一步拆卸减振器，先取下固定减振器的4个内六方螺栓，用一字可砸螺丝刀顺着减振的方向用锤子向下砸，就可取出减振器。

图 3-53　方向柱外形

7）找到相同型号的方向柱，按相反的步骤安装好前叉。方向柱外形如图3-53所示。

名师指导

电动车方向柱的测量方向：

1）首先要测量立柱的长度。第一步测量底部钢碗到立杆中心孔的距离，也就是到固定龙头螺栓孔的距离，购买时不能低于原方向柱长度，稍微高点影响不大，否则会造成无法使用。立柱的长度测量如图3-54所示。

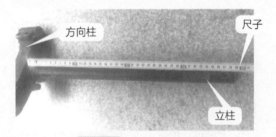

图 3-54　立柱的长度测量

2）下一步测量方向柱的肩宽，也就是方向柱底部满外的尺寸。立柱肩宽测量如图3-55所示。

3）最后再使用卡尺测量安装减振器圆孔的直径，因为减振器的直径有很多种规格，这个尺寸很重要，一定要量精确，否则会造成安装不上。测量减振器圆孔的直径如图3-56所示。

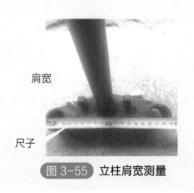

图 3-55　立柱肩宽测量

图 3-56　测量减振器圆孔的直径

五、车架检修

车架是整车的安全核心，车架强度或制作精度不良会严重影响使用，如发现整车骑行时总往一边歪，可能是车辆整体有倾斜；如果整车有较严重的内凹，可能是过负载并在路况较差的地方骑行，导致整车有变形，发生变形的可能之处是前立管与前三角焊接处有裂纹或鞍管平叉与车架的结合部有裂纹。如有"嗒嗒"的金属敲击声，可能是某些接片的焊接点脱焊。对于严重撞击变形的车架，一般就更换车架；对于焊点脱焊的，可以使用电焊对脱焊点进行加焊。车架如图3-57所示。

图3-57 车架

六、车把与立管的校正与调节

车把与立管在新车时一般不用维修，只是使用时间较长后会出现生锈，此时不能强拧螺钉，应该先用螺钉松动剂处理一段时间，再用铁榔头小心敲打前立管外部，在拧螺钉时最好用梅花扳手或套筒扳手，一般不用呆扳手或活动扳手。调节车把和立管高低时，注意不应超出安全线之外。车把如图3-58所示。立管如图3-59所示。

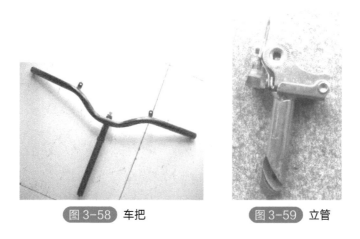

图3-58 车把　　　　　　图3-59 立管

名师指导

1.车把校正

车把最常见的变形是车把横管不平，造成两个扶手高低不齐或是两个扶手与把立管距离不等，即一边靠里、一边靠外。车把横管高低不平时，用一根钢棒（或木棒）插进低的一端的下方，另一边压在高的一端的上方，手握钢棒的一端向上撬或往下压，即可校正。

车把扶手向里或向外倾斜时，将车子侧倒，一脚踩住触地扶手靠近把横管的地方，用手向上撬另一扶手（或是向下压）。若是另一面扶手不正时，可用同样方法校正。

2.车把的调节

调整车把立管的插入深度，不得露出安全刻度线，以提高车把与前叉的连接度。

七、塑件的更换

塑件主要故障是损坏或塑件的共振问题，少量损坏可用塑料焊枪焊接，在发生共振问题时主要考虑紧固件松动。塑件损坏一般需要更换新件。塑件更换时主要观察车型和塑件生产厂家。常见电动车车型有小龟、福喜、迅鹰、大牛、中沙、战神、尚领等。塑件生产厂家一般在塑件内面标注，常见的位置在座筒、边条、头罩。迅鹰款电动车塑件如图3-60所示。

靠背
坐垫
装饰条
工具箱
平叉护板
中边条
脚踏板
车架底板

头罩
转向灯罩
面板
前照灯罩
前围板
前挡泥板
挡水板

图3-60 迅鹰款电动车塑件

八、前、后轮骑行中跳动

前、后轮骑行中跳动，一般是由轮胎鼓包变形造成，观察电动车轮胎，检查有鼓包变形，应立刻更换相同型号的轮胎。

九、前、后轮骑行中有异响

前、后轮骑行中有异响，一般是由刹车块或轴承损坏所致。检查方法是首先取下刹车块，如果仍然有异响，说明故障在轴承。检查前轴或后轴的轴承间隙是否过大，可以用手左右晃动查看轴承的间隙，如果左右晃动过大，说明轴承损坏。检查前轮轴承如图3-61所示。

图 3-61　检查前轮轴承

十、电动自行车骑行时有响声

1）前轮胎与挡泥板支棍碰撞产生响声，主要原因是前轮轴螺母松动，拧紧前轮轴螺母，如图3-62所示。

2）挡泥板支棍螺钉松动，使泥板位移。先拧紧挡泥板支棍螺钉，然后移正挡泥板，拧紧支棍在车架的固定螺钉，如图3-63所示。

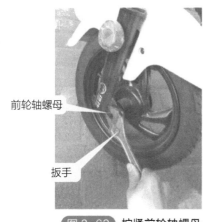

图 3-62　拧紧前轮轴螺母

图 3-63　拧紧支棍固定螺钉

3）闸皮和车圈摩擦发出响声，车圈位移或闸皮位移，轴螺母松动。调整车圈，校正闸皮位置，拧紧轴螺母。

4）前轮胎与前叉腿相碰发出响声。车圈变位，轴螺母松动。调正车圈，拧紧轴螺母。

5）后轮胎与车架平叉、立叉相碰发出响声，车圈变位，后轴螺母松动。调正车圈，拧紧轴螺母，如图3-64所示。

后轮轴螺母　　　　　　　　扳手

图 3-64　拧紧后轮轴螺母

十一、整车线束损坏

整车线束的损坏是维修中不太容易碰到的，但一旦碰到，查找原因比较费时。损坏的原因主要有线束进水，或线路短路。在检修时，先根据控制器或显示器的功能查找可能发生问题的区域，再按对应颜色查找线束的连接。可关闭电源，用万用表蜂鸣器检查线路的通断，如有线路断路，可以重新从线束外部走线排除。如果线束严重烧坏，要更换全车线束。整车线束如图3-65所示。整车线束各部插接件功能如图3-66所示。

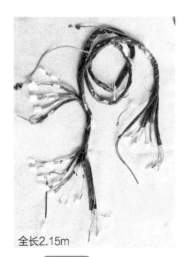

全长2.15m

图 3-65　整车线束

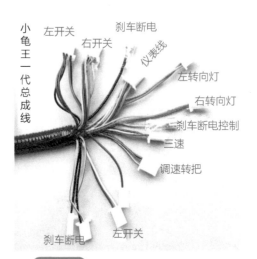

小龟王一代总成线

左开关　右开关　刹车断电　仪表线　左转向灯　右转向灯　刹车断电控制　三速　调速转把　刹车断电　左开关

图 3-66　整车线束各部插接件功能

第四章

蓄电池故障及维修方法

第一节 蓄电池的规格型号和连接方法

一、蓄电池规格型号和容量

1. 蓄电池规格型号

扫码看视频

我国铅酸蓄电池型号一般以汉语拼音字母来表示和区别，并有各种数字，它们分别表示蓄电池的结构、性能、单体蓄电池数和蓄电池额定容量。

铅酸蓄电池规格型号如图4-1所示。

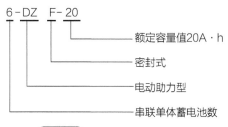

图 4-1 铅酸蓄电池规格型号

2. 蓄电池容量

蓄电池额定容量是以放电电流（A）和能放电的时间（h）之积，即安时（A·h）来表示。它反映了蓄电池存储电量的多少。数值越大，则存储的电量就越多。

20A·h铅酸蓄电池规格型号在蓄电池上的标示如图4-2所示。

电动自行车和代步车常用额定电压为12V铅酸蓄电池。蓄电池容量常见的有12A·h蓄电池；20A·h蓄电池；32A·h蓄电池；45A·h蓄电池。

二、蓄电池的连接方法

电动自行车和代步车在使用中，常将12V蓄电池进行串联使用。将4只12V单只蓄电池串联成48V蓄电池组；将5只12V单只蓄电池串联成60V蓄电池组；将6只12V单只蓄电池串联成72V蓄电池组；将7只12V单只蓄电池串联成84V蓄电池组。

下面以48V蓄电池为例说明蓄电池的连接方法。

48V蓄电池组的串联方法如图4-3所示。48V蓄电池组在整车上的连接方法如图4-4所示。48V蓄电池组的串联实物如图4-5所示。

图 4-2　20A·h 铅酸蓄电池规格型号的标示

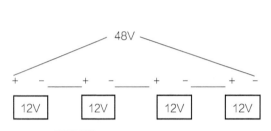

图 4-3　48V 蓄电池组的串联方法

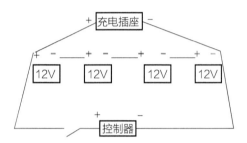

图 4-4　48V 蓄电池组在整车上连接方法

图 4-5　48V 蓄电池组的串联实物

◉ 第二节　蓄电池的检测、使用和保养

一、蓄电池的检测方法

1. 蓄电池外观检测

1）蓄电池外观正常，无鼓包、变形、裂纹、破损等机械损伤。

2）蓄电池表面干净，无电解液渗漏。

扫码看视频

3）蓄电池正负极标志清晰，极性正确，红正、黑（或蓝）负。端子正常无断裂、无锈蚀。

蓄电池外观检测如图4-6所示。

2.空载电压测量

将万用表置于直流电压20V挡，测量单只蓄电池开路电压在10.5~13V，整组蓄电池中的单只蓄电池的开路电压差不得大于0.5V，否则说明蓄电池有故障。测量单只蓄电池开路电压如图4-7所示。

图 4-6　蓄电池外观检测

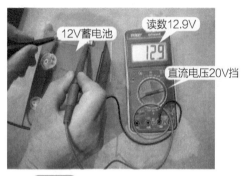

图 4-7　测量单只蓄电池开路电压

3.蓄电池容量测试仪检测

使用蓄电池容量测试仪检测蓄电池的带载情况，如果指针低于红色刻度（10.5V），说明蓄电池有故障。蓄电池容量测试仪检测如图4-8所示。

图 4-8　蓄电池容量测试仪检测

4.蓄电池放电仪放电检测

将蓄电池用充电器充电至变绿灯后，再浮充2h。然后使用LY-5型蓄电池检测放电仪标准电流进行放电检测，对照2h率放电电压和容量对照表（表4-1），判断蓄电池的容量，蓄电池组中单只蓄电池的放电时间不大于5min。新蓄电池应符合国家标准，放电时间在120min以上。

表4-1　2h率放电电压和容量对照表

容量	100%	90%	80%	70%	60%	50%	40%	30%	20%	10%	0%
电压/V	12.66	12.60	12.52	12.43	12.30	12.13	11.94	11.74	11.43	11.18	10.50

用LY-5型蓄电池检测放电仪放电如图4-9所示。

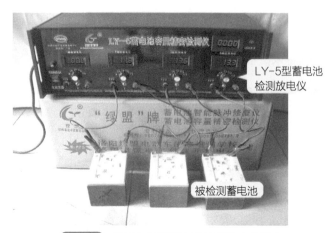

图4-9　用LY-5型蓄电池检测放电仪放电

5.蓄电池电解液密度测量

对于三轮车、代步车使用的100A·h大容量蓄电池，除了以上4种检测方式，还可以使用密度计检测电解液的密度。正常蓄电池密度为1.28g/L，越高越好。

蓄电池电解液密度的检测方法如下：

拧下加液塞，将密度计下端的吸嘴插入加液口内，密度计保持竖直，用手指捏扁密度计上方的橡胶球，然后适当放松，让适量的电解液吸入玻璃管内。

抽出密度计，观察玻璃管内液面对应的浮子刻度，就是电解液的密度。要注意，如果玻璃管内吸入的电解液过多、过少，或者密度计倾斜，都会影响到测量的精确性。由于电解液密度的大小随温度变化，测量电解液密度时，以温度为25℃时最精确。测量电解液密度如图4-10所示。

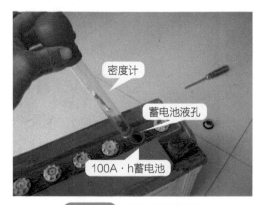

图4-10　测量电解液密度

二、蓄电池的使用和保养

1.蓄电池的正确使用

正确使用和保养蓄电池，可以延长它的使用寿命，下面对蓄电池正确使用和保养进行介绍。

1）安装前应检查蓄电池是否破损，并用干布清洁蓄电池表面，如发现蓄电池外壳破裂，应立即更换蓄电池，以免造成腐蚀。

2）蓄电池应正立安装，不得倒置，相邻蓄电池之间间距大于2mm，同时要防振、防压，安装牢固，使用中不得窜动撞击、相互摩擦，不能进水。

3）为保证安全使用，安装蓄电池的蓄电池盒必须留有气孔，且不得堵塞，防止蓄电池产生的气体聚集在蓄电池盒内。

4）各蓄电池串联连接，极性应正确，避免正负极接反，并保证连接点接触良好，不得产生火花。

5）安装和拆卸蓄电池箱时，应先关闭电源开关。电源锁、熔丝座等容易产生电火花的器件必须与蓄电池隔离。

6）蓄电池荷电出厂，通常用户可直接装车使用，如搁置时间较长（超过2个月），使用前应补充充电，将充电器插上蓄电池盒后再接上220V的交流电，充电器变绿灯后继续充电1~2h，就可停止充电。

7）随车使用的充电器应与蓄电池组相匹配，符合充电器参数要求，否则将有损蓄电池性能。

8）不同型号、不同品牌、新旧不一的蓄电池不能混用。

9）蓄电池不可靠近火源、热源，炎热季节严禁在阳光下直接暴晒，应避免蓄电池剧烈振动、碰撞。安装蓄电池时，避免金属工具和连线搭在正负极上造成蓄电池短路产生火灾和损伤蓄电池。

10）蓄电池容量以环境温度25℃为标准，温度每下降1℃，则蓄电池容量下降约1%，在使用中应考虑环境温度的影响因素。

11）蓄电池应尽量避免在-10℃以下的低温环境下使用。

12）蓄电池是消耗品，经过一段时间的充放电循环使用后，蓄电池容量会逐渐下降，造成电动自行车续行里程降低，属于正常现象，但在保用期内蓄电池容量降至标准值60%以下时，则视为蓄电池失效，超过保用期之后蓄电池容量降至标准值60%以下，为正常损耗。

13）蓄电池内的电解质有强腐蚀性，切勿溅到皮肤或衣物上，如溅到皮肤、眼中，须立即用大量清水冲洗，严重时须送医院治疗。

2.蓄电池保养

蓄电池的保养可以归纳总结为"五怕"。

（1）怕亏电存放　电动自行车如长期不用，须对蓄电池充足电后再进行搁置，并且每隔一个月对蓄电池进行补充充电，严禁在亏电状态下长期搁置存放。

（2）怕过充电　蓄电池连续充电时间一般不要超过10h，如果长时间充电后充电器指示灯仍不变绿或出现蓄电池发烫现象，应立即停止充电，严禁在充电器不变灯的情况下继续充电。

（3）怕过放电　电动自行车在运行时，最好在蓄电池使用了80%左右的电量后进行充电，不要在蓄电池电量用尽后再充电。蓄电池电量一旦用尽，应关闭电源，不要使用蓄电池（回升电压）来强制行驶，以防止因过放电而缩短蓄电池寿命。（36V电动自行车最低蓄电池保护电压为31.5V，48V电动自行车最低蓄电池保护电压为42V）。

（4）怕大电流充电　蓄电池充电应按照要求的充电电流进行，严禁对蓄电池进行大电流充电。

（5）怕大电流放电　如果电动机有故障，用户强制骑行，会造成大电流放电，这样会损坏蓄电池。

第三节　蓄电池的常见故障

一、蓄电池变形鼓包

1. 故障现象

蓄电池在使用一年后，由于蓄电池容量自然衰减，电动自行车的续行里程会自然下降，有个别用户有个错误的概念，认为蓄电池充电时间越长，蓄电池的储电量就越大，所以故意对蓄电池过充电，这样就容易使蓄电池变形鼓包。蓄电池正常充电一般在充电器变绿灯后再浮充1~2h即可拔下充电器，停止充电，如果此时蓄电池缺液严重，再加上用户长时间充电，就会使蓄电池产生"热失控"现象，当蓄电池温度达到80℃以上，既发生变形鼓包。

蓄电池变形鼓包如图4-11所示。

图 4-11　蓄电池变形鼓包

2. 故障原因

1）如果一组蓄电池（4块或5块）同时变形，应先对充电器做电压检查。48V充电器输出电压应为56V左右；60V充电器输出电压应为72V左右；72V充电器输出电压应为78V左右。如果充电器输出电压偏高、无过充电保护或不转涓流，应更换充电器。如果充电器正常，那么蓄电池变形是由于用户过充电产生的"热失控"所致。

2）一组蓄电池（4块或5块）中只有1块或2块变形，有以下故障的可能：

①蓄电池荷电不一致，充电时容量低的蓄电池过充引起变形。荷电不一致的原因，可能有短路单格存在，也可能用户将蓄电池试验放电或自放电等。

②某些蓄电池出现极板不可逆转硫酸盐化，内阻增大，充电发热变形。

③蓄电池连线时错误，造成充电发热变形。对未变形的蓄电池检查放电容量以及自放电特性，若无异常则不属于蓄电池问题。

3. 故障维修和预防措施

1）蓄电池在使用过程中应防止过充电和过放电的发生，做到足电存放；严格检查充电器，不得有严重过充现象。

2）在高温下充电，必须保证蓄电池散热良好。应采取降温措施或减短充电时间的方法，否则应停止充电。

3）保证不漏液的前提下尽可能多加液，以延长或避免"热失控"的产生。

4）避免蓄电池连线或内部产生短路或微短路。

二、插上充电器就变绿灯，蓄电池充不进电

1. 故障现象

蓄电池在使用中，插上充电器就变绿灯，充不进电。

2. 故障原因

1）充电器有故障，充电参数不符合要求，充电器输出电压偏低。48V充电器输出电压应为56V左右；60V电充器输出电压应为72V左右；70V充电器输出电压应为78V左右。测量48V充电器输出电压如图4-12所示 。测量60V充电器输出电压如图4-13所示。

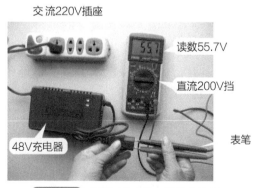

图 4-12　测量 48V 充电器输出电压

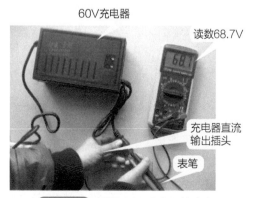

图 4-13　测量 60V 充电器输出电压

2）充电插座或插头有故障，蓄电池连接断开，蓄电池盒上的熔丝损坏或接触不良。检查蓄电池盒上的熔丝如图4-14所示。

3）蓄电池内部电解液有干涸现象，即蓄电池缺液严重。

4）蓄电池极板存在不可逆硫酸盐化。

3. 故障维修和预防措施

1）充电器不正常的应更换。

2）检查连线与插头接触是否完好，认真检查插座和插头是否有"打火"烧弧现象，

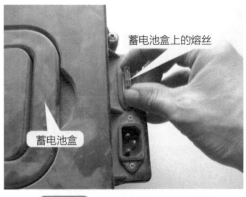

图 4-14　检查蓄电池盒上的熔丝

有无线路损伤断线等。蓄电池盒上的熔丝损坏应更换。测量充电插座电压是否正常，如图4-15所示。

3）蓄电池缺液严重应补充加入密度1.03g/L的补充液，使用蓄电池修复仪进行维护充电、放电恢复电池容量。干涸的电池加液后的维护充电，应控制最大电流1.8A，充电10~12h，一组中四块蓄电池的电压均在每块13.5V以上为好。如果蓄电池之间电压差超过0.5V，说明蓄电池已经出现不同步的不可逆硫酸盐化。加入补充液如图4-16所示。

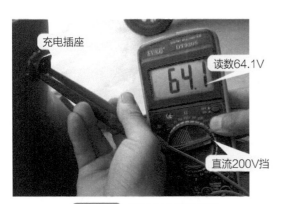

图 4-15　测量充电插座电压

图 4-16　加入补充液

4）如果发现蓄电池有不可逆硫酸盐化，应进行修复充电恢复容量。对于发生严重不可逆硫酸盐化的蓄电池，需要更换整组蓄电池或激活蓄电池。对于极板的不可逆硫酸盐化，可通过充放电测量其端电压的变化来判定。在充电时，蓄电池的电压上升特别快，某些单格电压特别高，超出正常值很多；放电时电压下降特别快，蓄电池不存电或存电很少。出现上述情况，可判断蓄电池出现不可逆硫酸盐化。

三、蓄电池漏液

1. 故障现象

常见的蓄电池漏液现象是上盖与底槽之间密封不好或因碰撞，封口胶开裂造成漏

液；二是加入的电解液过多，帽阀处渗酸漏液；三是接线端子处渗酸漏液；四是蓄电池安装时倒置，使电解液外漏。

2. 故障维修和预防措施

先做外观检查，找出渗酸漏液部位。如果是蓄电池倒置造成的，重新对蓄电池进行安装。然后打开蓄电池上盖，检查帽阀周围有无渗酸漏液痕迹，然后打开帽阀观察蓄电池内部有无流动的电解液，如果电解液过多，需用注射器吸出多余电解液。完成了上述工作之后，若仍未发现异常，应做气密性测试，将蓄电池放入水中充气加压，观察蓄电池有无气泡产生并冒出，有气泡则说明有渗酸漏液。如果接线端子处渗酸漏液，应重新用AB胶封好。

四、蓄电池寿命短

1. 故障现象

用户反映电动自行车蓄电池寿命短，使用不到一年就出问题。

2. 故障原因

造成蓄电池寿命短的原因，除蓄电池自身的质量原因，例如铅的纯度低（使用回收铅）、工艺配方、极板工艺及加工精度等因素外，以下原因也直接影响到蓄电池寿命：

（1）充电器 二段式充电器电路简单，价格低廉，容易造成电压不稳，过冲电或无涓流保护，直接影响蓄电池寿命。

（2）电动机 电动机电流过大，电动机笨重，磁钢退磁、效率低。同样情况下有刷电动机耗电量大，续行里程短，影响蓄电池寿命。

（3）控制器 低价控制器，功能不全，无过电流、欠电压、限流保护，造成蓄电池过度放电伤害，会潜在影响蓄电池寿命。

（4）超载 踏板电动自行车车体重，用户经常超载，骑行无助力，造成蓄电池寿命短。

五、蓄电池充电时发热

1. 故障现象

用户反映，蓄电池充电时发热。

2. 故障原因

由于充电器电压偏高，蓄电池极板硫化，导致充电后期发生电解水反应（产生 H_2 和 O_2），蓄电池内部压力增大，H_2 和 O_2 泄漏，造成水分丢失。当水分丢失过多，蓄电池内部发生热失控，蓄电池就会鼓包，如果发生极板断裂产生火花，点燃 H_2 和 O_2，就会爆炸。

3. 故障维修和预防措施

对于充电发热的蓄电池，首先排除充电器的故障，如果充电器正常，那么发热的原因是蓄电池缺液，对蓄电池进行补液处理。个别蓄电池补液后，会迅速失效，造成这种现象的原因并非是补液，恰恰是因为没有及时补液或补液工艺不合理。

六、刚换新蓄电池的电动自行车也跑不远

1. 故障现象

用户反映，刚换新蓄电池的电动自行车也跑不远，一般不是蓄电池的原因，需对电动自行车进行检查。

2. 故障原因

1）整车性能下降，机械部分不灵活，缺少润滑油，轴承卡滞，车架变形，前后轮不平行等。

2）电动机耗电量大，电刷磨损，线圈漏电，磁钢退磁，控制器性能变差。

3）充电器性能下降，蓄电池充不满。

4）控制器欠压保护值过高，蓄电池没有放完电，车就跑不动。

3. 故障维修和预防措施

1）检查电动自行车起动和运行电流是否过大，若过大（起动电流在8A以上，运行时的空载电流1.8A以上），应对电动机进行检修处理。

电动机电流测量如图4-17所示，将万用表置于直流20A挡位，红表笔插在20A插孔，表笔串接在控制器的红色进线上，打开电源锁，转动转把读取万用表读数。

2）检查蓄电池组电压是否偏低，如果过低，应对蓄电池进行充电。测量蓄电池组电压如图4-18所示。

3）充电器损坏的，需更换新的同型号充电器。

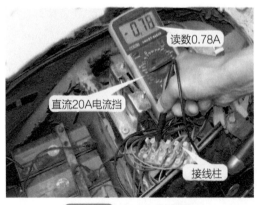

图 4-17　电动机电流测量

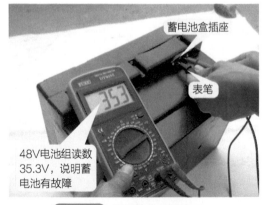

图 4-18　测量蓄电池组电压

七、蓄电池自放电严重

1. 故障现象

用户反映，刚充满电的电动自行车，隔夜后电量下降很多，蓄电池的自放电严重。

2. 故障原因

蓄电池在不使用的情况下，电量下降的现象称为自行放电。

任何出厂已充满电的蓄电池都是具有一定活性的。因此，它的存储和工作都是有一定期限的。无论在何种条件下，这种类型的蓄电池都会产生自放电现象。存放的温度越高，自放电的程度就会越高。一般情况下，每天消耗本身电量的1%~2%是正常的，如超过此数值，为不正常放电。如果一个充足电的蓄电池，储存1个月，电能容量大约损失一半，即有故障。

主要有以下原因：

1）隔板破裂，造成局部短路。

2）极板活性物质脱落，使极板短路造成放电。

3）极板材料或电解液中有杂质，使蓄电池放电。

4）蓄电池盖上有电解液或水，使正负极形成通路而放电。

5）蓄电池长期存放，电解液中硫酸下沉，使上部比重小，下部比重大，引起自行放电。

3. 故障检修和预防措施

1）为确保蓄电池不会过度放电，以致完全损坏（硫酸盐化），应定期对蓄电池电压进行检查，一般每月检查一次蓄电池的电压，蓄电池的电压下降至12.4 V或更低就必须充电。

2）检查蓄电池正负连接线是否可靠，有无短路和连接不可靠等，有则排除之。

3）蓄电池修复时加强保养，保持蓄电池上盖清洁。

4）保证电解液有较高的纯度，在配制电解液添加蒸馏水时，应严防杂质进入。

5）蓄电池在存放过程中应经常充电，使电解液密度保持均匀，并使液面不致下降。

6）冲洗蓄电池外表时应预防污水从加液口盖或通气孔处进入蓄电池内部。

7）隔板、极板损坏时应及时修复或更换。

8）更换电解液时，一定要将蓄电池内的残液清除干净。

八、蓄电池容量"不均衡"

1. 故障现象

电动自行车蓄电池使用8~10个月后出现蓄电池容量"不均衡"，造成电动自行车续行里程减少。

2. 故障原因

串联蓄电池组的均衡性是一个世界性的难题，使用过程中总会有"落后"蓄电池存在。其原因是多种多样的，有生产原因，也有原材料和使用的原因等，新铅酸蓄电池一般要配组出厂，将蓄电池放电时间和单只电压接近的配成一组。电动自行车蓄电池使用8~10个月后出现蓄电池容量"不均衡"，造成电动自行车续行里程减少。

3. 故障维修和预防措施

首先使用万用表和蓄电池容量表测量，将个别有故障的蓄电池挑出，用相同电压的进行更换。用万用表测量蓄电池电压如图4-19所示。用蓄电池容量表测量如图 4-20所示。

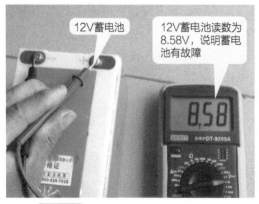

图 4-19　用万用表测量蓄电池电压

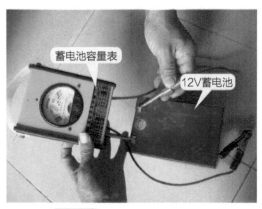

图 4-20　用蓄电池容量表测量

然后将蓄电池进行修复维护充电，然后用2h率将蓄电池放电，记录蓄电池放电时间，并将修复后的蓄电池进行重新配组装车。

九、蓄电池内部断格

1. 故障现象

蓄电池内部断格后，单只蓄电池电压低于10.5V，会造成电动自行车不能运行。

2. 故障原因

断格一般是生产工艺不过关造成的，例如焊接质量问题，或者是隔板质量问题。也有使用不当的可能，例如用户使用中蓄电池振动，使过桥开焊

3. 故障维修和预防措施

如果蓄电池出现断格（属于物理损坏），不能用修复仪修复，需打开蓄电池上盖，用万用表测量每个单格，找出断格部分，对断格部分进行处理，方可排除故障。如果不具备维修条件和技术，一般需更换新蓄电池。

十、蓄电池内部短路

1. 故障现象

蓄电池内部短路是指铅酸蓄电池内部正负极群相连。通常有以下特征：

1）大电流放电时，端电压迅速下降到零。

2）充电末期冒气少或无气泡。

3）充电时电解液温度上升快，密度上升慢，甚至不上升。

4）开路电压低，闭路电压（放电）很快达到终止电压。

5）蓄电池自放电严重。

6）电解液密度很低，在低温环境中电解液会出现结冰现象。

7）充电时，电压上升很慢，始终保持低值（有时降为零）。

8）充电时，电解液温度上升很慢或几乎无变化。

2. 故障原因

1）焊接熔化物落在蓄电池内部。焊接极群时"铅流"未除尽，或装配时有"铅豆"在正负极板间存在，在充放电过程中损坏隔板造成正负极板相连。

2）隔板窜位使正负极板相连。

3）严重硫化造成的晶枝搭桥短路。

4）正极板活性物质膨胀脱落，因脱落的活性物质沉积过多，致使正、负极下部边缘或侧面边缘与沉积物相互接触而造成正负极板相连，这种蓄电池表现为电解液发黑。

5）导电物体落入蓄电池内。

3. 故障维修和预防措施

如果蓄电池出现短路，属于物理损坏，不能用修复仪修复，需打开蓄电池上盖，用万用表测量每个单格，找出短路部分，对短路部分进行处理，方可排除故障。如果不具备维修条件和技术，一般需更换新蓄电池。

十一、蓄电池电解液发黑

1. 故障现象

蓄电池修复时，修复充电 4~5h 后，开始产生气泡，发现蓄电池电解液发黑。发黑的电解液如图 4-21 所示。

2. 故障原因

蓄电池阳极软化，活性物质膨胀脱落，使电解液发黑。

图 4-21 发黑的电解液

3. 故障维修和预防措施

如果电解液轻度发黑，可在蓄电池修复时把发黑的电解液吸出，加入新的电解液。如电解液发黑严重，表明蓄电池正极板脱粉严重，极板已经软化，蓄电池修好的可能不大，应报废处理。吸出发黑的电解液如图4-22所示。

图 4-22　吸出发黑的电解液

十二、蓄电池充电 10h 以上，仍不变绿灯

1. 故障现象

用户反映，蓄电池充电时，充电达10h，仍不变绿灯。

2. 故障原因

1）充电器有故障。如果拔下充电器后，充电器指示灯变绿灯，说明充电器正常。

2）蓄电池有故障。一般是蓄电池电解液缺少，需要加入补充电解液。一般加入5~10mL，加到覆盖蓄电池极板即可。

加入补充电解液如图4-23所示。

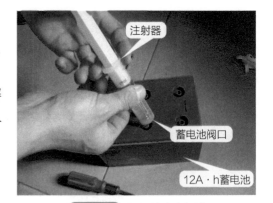

图 4-23　加入补充电解液

3. 故障维修和预防措施

1）充电器有故障的，更换新充电器。

2）蓄电池电解液缺少的，重新加入补充电解液。

十三、蓄电池极板硫化

1. 故障现象

如果蓄电池放电过长时间，蓄电池内部就会发生称为"硫酸盐化"的化学反应，它会永久性削弱甚至损坏蓄电池。硫酸盐化现象发生时，在蓄电池的极板上可以看到一种白灰色的薄膜，这就是硫酸盐化，简称"硫化"。蓄电池硫酸盐化后，在负极板上产生一层导电不良、白色坚硬的硫酸铅结晶，充电时又非常难于转化为活性物质的硫酸铅，这种现象通常发生在负极，也称为不可逆硫酸盐化。硫化的蓄电池最明显的外特征是蓄电池容量下降，内阻增加，表现为充电时间短，很快就将电放完。蓄电池极板硫化如图4-24所示。

蓄电池极板硫化故障特征如下：

1）蓄电池容量降低，表现为充电时间减短，又很快把电放完。

2）电解液密度低于正常值。

3）开始充电和充电完毕时蓄电池端电压过高。

4）充电时过早产生气泡或开始充电就产生气泡。

5）充电时电解液温度上升较快。

2. 故障原因

在正常的充电和放电的循环中，来自极板的活性物质不断活动，进行电化学反应，从而产生电流。蓄电池每进行一次充、放电循环，其极板上的活性物质都有少量的损失。

白色极板硫化

12A·h蓄电池外壳

图 4-24 蓄电池极板硫化

决定蓄电池最终使用寿命的因素很多，因此，不可能规定蓄电池的最短或最长的使用寿命。充、放电所引起的正常蓄电池损耗是渐进的，最终会使蓄电池失效。

过度充、放电循环造成硫化。蓄电池的每一次充、放电循环都会失去少量的活性物质。如果蓄电池过度放电（超过40%），然后快速充电，这种损耗的过程就会加速。此外，如果充电不充分，蓄电池的性能减弱也会很快体现出来。当这种现象发生时，充电之后，电压甚至仍会低于12.4 V，这种情况下容易出现硫酸盐化。

蓄电池极板硫化的原因归纳如下：

1）新蓄电池初始充电不足。

2）已放电或半放电状态放置时间过久，自放电率高。

3）蓄电池长期充电不足，长时间处于欠充电状态。

4）蓄电池经常过量放电。

5）蓄电池电解液干涸，致使极板上部露出。

6）蓄电池放电后未对其进行及时充电或放电电流过大。

7）电解液不纯或加入的电解液密度过高。

3. 故障维修和预防措施

蓄电池产生不可逆硫酸盐化时，应及时发现故障查找原因，尽快采取有效措施进行排除。目前国际上通用的方法是用蓄电池脉冲修复仪进行修复。蓄电池脉冲修复仪修复蓄电池如图4-25所示。

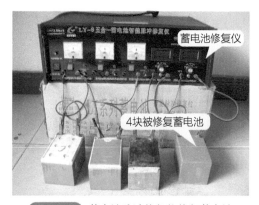

蓄电池修复仪

4块被修复蓄电池

图 4-25 蓄电池脉冲修复仪修复蓄电池

扫码看视频

第四节　蓄电池修复技术

下面以"绿盟"LY-9蓄电池检测修复组合柜为例说明蓄电池修复方法。

一、修复前蓄电池的挑选

选择可修复蓄电池应符合以下标准：

1）蓄电池无外观变形、漏液、发热、漏电，电池内部无短路、开路，电解液无明显浑浊且发黑等不良现象。

2）所修复的蓄电池使用时间一般为1~2年。

3）蓄电池的端电压要大于10.5V。

蓄电池的变形、漏液、发热、漏电等可以通过肉眼看到；短路、开路也可以使用万用表和容量测试仪检测，初始容量可以通过充放电的办法得到一个较为准确的数字，只有电解液浑浊且发黑不易检查，下面主要介绍一下检测电解液的操作步骤。

先检测蓄电池的密封情况，确定蓄电池无漏液后，晃动蓄电池，使液体和极板充分融合，再用注射器将电解液吸出，看液体是否浑浊和发黑。若出现电解液变黑，则蓄电池负极板已经软化（极板活性物质脱落），该蓄电池没有修复好的可能；若电解液颜色正常，则可以确定蓄电池容量下降的主要原因应该为极板硫化。这样的蓄电池就可以使用蓄电池智能脉冲修复仪进行修复。

二、不能修复的蓄电池

1）蓄电池外观充涨变形不能修复。

2）蓄电池极板断格，没电压和电流的不能修复。

3）开路的蓄电池不能修复，表现为蓄电池充不进电、无电流，但显示高电压。

4）蓄电池存放时间长，失效的蓄电池不能修复，表现为电池电压低、蓄电池底部积粉过多，电解液中有黑色杂质。

三、蓄电池的修复

扫码看视频

1. 开盖加电解液

使用小号一字螺丝刀，将需修复的蓄电池上盖打开，加入密度为1.03g/L的补充电解液。打开蓄电池上盖如图4-26所示。加入补充液如图4-27所示。

2. 放电检测

在放电仪上将蓄电池全部放至10.5V。记录初始放电时间（即容量）。然后接着将蓄电池进行深放电到0V，零放电只可进行一次。蓄电池放电检测如图4-28所示。

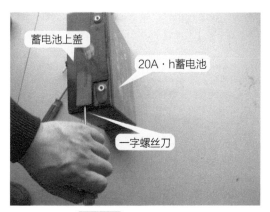

图 4-26 打开蓄电池上盖

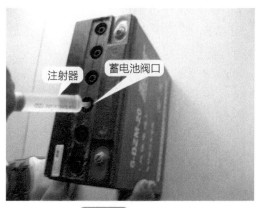

图 4-27 加入补充液

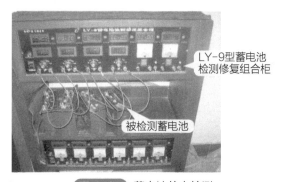

图 4-28 蓄电池放电检测

3. 修复充电

将放电到0V的蓄电池立即夹入修复端子，打开修复开关，修复充电10h。蓄电池修复如图4-29所示。

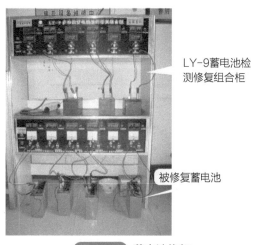

图 4-29 蓄电池修复

4.二次检测放电、修复充电

1）修复时间到后，关闭修复开关，为检测和配组蓄电池需要再进行一次放电，放电到10.5V时记录放电时间，并与原始放电时间进行对照。放电时间达100min的蓄电池可以配组使用。

2）为了使用户装车后即可使用，需再次将蓄电池上机修复充电10h。

5.封口

1）二次修复充电时间到后，让蓄电池静置1~2h。将蓄电池翻转，阀口朝下倒出多余电解液，擦净蓄电池上盖。倒出多余电解液，如图4-30所示。

2）将安全阀和吸水棉复原。用PVC胶封好蓄电池盖板，如图4-31所示。

图4-30 倒出多余电解液

图4-31 封好蓄电池盖板

6.配组装车

待胶水完全凝固后，将开路电压相同，放电时间一样的蓄电池配成一组，将蓄电池串联好，装车使用，如图4-32所示。

图4-32 配组装车

四、蓄电池修复注意事项

1）充电过程中，会冒泡，属正常现象，但要注意不要让电解液溢出螺孔，若溢出，立即使用吸管吸掉。

2）充电过程中，电解液可能出现发黑混浊，请及时用吸管吸掉，再补充上新的修复液。

3）充电过程中，有的孔中电解液可能干了，要及时补充。

4）充电过程中，蓄电池有温升，用手摸温感，应不烫手。

5）蓄电池专用修复液有腐蚀性，不要弄到眼中和身体上，应放在小孩接触不到的地方。

6）修复结束后，让蓄电池静置1~2h，将电池转180°，把蓄电池底朝上放置，倒出余的电解液。擦净上盖，盖好安全阀，用PVC胶粘好盖板。

五、蓄电池修复电流与时间换算

修复时间为$\dfrac{A \cdot h}{A} \times 1.3$（系数），比如100A·h修复时间为$\dfrac{100A \cdot h}{8A} \times 1.3 = 16.25h$。

蓄电池修复电流与时间换算见表4-2。

表4-2 蓄电池修复电流与时间换算

电池容量/A·h	修复电流/A	时间/h
10/14	约2	8~10
17/20	约3	10~12
36	约4	12
40	约5	13
60	约6	14
80	约7	15
100	约10	17
120	约15	18
150	约18	20
200	约20	22

注：1. 判断电池是否充满的方法：一方面可用时间法，另一方面可用小型蓄电池容量测试仪（电流表）测试，综合做出判断。

2. 判断100A·h大容量蓄电池是否充满电，可用密度计测量，充满电时密度在1.28g/L左右。

第五章
充电器故障及维修方法

第一节　充电器的规格型号和正确使用方法

扫码看视频

一、充电器分类

1.按照输出电压分类

按充电器输出电压不同，可分为24V、36V、48V、60V、72V、84V等。

2.按蓄电池容量大小分类

按充电器充电的蓄电池容量大小，可分为12A·h、20A·h、32A·h、45A·h、100A·h等。

3.按充电器构成分类

按充电器构成，可分为变压器、可控硅、开关电源式三种。

4.按充电阶段分类

按充电器充电阶段，可分为二段式和三段式。早期生产的二段式充电器已是淘汰产品，目前市场上大多为三段式充电器。

二、充电器的常见规格型号

充电器与蓄电池配套使用，必须与蓄电池组的电压和蓄电池容量相匹配，如果充电器损坏，必须更换相同型号的充电器。

充电器产品规格型号见表5-1。

表5-1　充电器产品规格型号

型号	适用蓄电池组	输出空载电压 /V	充电电流 /A
12V 系列	铅酸蓄电池 12V/10~14A·h	14.5	1.2~1.8
	铅酸蓄电池 12V/17~20A·h		2.0~2.5
	铅酸蓄电池 12V/22~24A·h		2.7~3.0
	铅酸蓄电池 12V/28~30A·h		3.5~3.8
	铅酸蓄电池 12V/30~40A·h		3.8~5.0
24V 系列	铅酸蓄电池 24V/10~14A·h	28.8	1.2~1.8
	铅酸蓄电池 24V/17~20A·h		2.0~2.5
	铅酸蓄电池 24V/22~24A·h		2.7~3.0
	铅酸蓄电池 24V/28~30A·h		3.5~3.8
	铅酸蓄电池 24V/30~40A·h		3.8~5.0
36V 系列	铅酸蓄电池 36V/10~14A·h	42	1.2~1.8
	铅酸蓄电池 36V/17~20A·h		2.0~2.5
	铅酸蓄电池 36V/22~24A·h		2.7~3.0
	铅酸蓄电池 36V/28~30A·h		3.5~3.8
	铅酸蓄电池 36V/30~40A·h		3.8~5.0
48V 系列	铅酸蓄电池 48V/10~14A·h	56	1.2~1.8
	铅酸蓄电池 48V/17~20A·h		2.0~2.5
	铅酸蓄电池 48V/22~24A·h		2.7~3.0
	铅酸蓄电池 48V/28~30A·h		3.5~3.8
	铅酸蓄电池 48V/30~40A·h		3.8~5.0
60V 系列	铅酸蓄电池 60V/10~14A·h	72	1.2~1.8
	铅酸蓄电池 60V/17~20A·h		2.0~2.5
	铅酸蓄电池 60V/22~24A·h		2.7~3.0
	铅酸蓄电池 60V/28~30A·h		3.5~3.8
72V 系列	铅酸蓄电池 72V/10~14A·h	86.5	1.2~1.8
	铅酸蓄电池 72V/17~20A·h		2.0~2.5
	铅酸蓄电池 72V/22~24A·h		2.7~3.0
	铅酸蓄电池 72V/28~30A·h		3.5~3.8

三、电动三轮车、代步车用大功率充电设备

1.电动三轮车、代步车用大功率充电设备分类

电动三轮车、代步车用大功率充电器有电子式和硅整流充电机两种。电子式充电

器同一般充电器一样，采用开关电源式结构。60V/100A·h电子式大功率充电器如图5-1所示。

2.硅整流充电机

（1）硅整流充电机概述　现在市场上货运电动三轮车大多使用12V/120~180A·h大容量铅酸蓄电池，这种蓄电池对充电电流要求一般在10A以上，而一般开关电源式充电器难以形成如此大的电流，退一步说，即使实现10A以

图 5-1　60V/100A·h电子式大功率充电器

上大电流，故障率也较大，所以生产厂家制作了硅整流充电机。

硅整流充电机采用降压变压器降压后，使用整流桥进行整流得到蓄电池充电所需的直流电，对蓄电池进行充电。它的优点是输出电流大，基本线路都较简单，故障率低，蓄电池组充满电后自停，不易损坏蓄电池等。

硅整流充电机的缺点是体积大，质量大，变压整流效率低，不易做到精确的电压、电流控制。另外，其对蓄电池保护功能较差，没有按蓄电池的充电曲线进行充电，因而可能会影响蓄电池的使用寿命。

硅整流充电机外形如图5-2所示。

（2）硅整流充电机结构原理　硅整流充电机内部结构如图5-3所示。硅整流充电机原理图如图5-4所示。

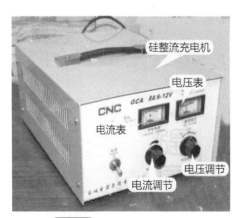
图 5-2　硅整流充电机外形

图 5-3　硅整流充电机内部结构

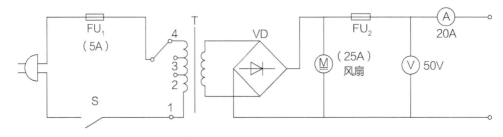
图 5-4　硅整流充电机原理图

220V交流电经电源插头过熔断器FU₁进入工频变压器T的4、1脚初级线圈，变压为与被充蓄电池对应的交流电压，经整流二极管VD整流后产生蓄电池充电所需的直流电压，过熔断器FU₂为蓄电池充电。M为降温风机，V为直流电压表，A为直流电流表。

由于硅整流充电机直接整流市电为蓄电池充电，电流可达到30A，电压12~80V可调，在未彻底切断市电前，千万不要摸蓄电池，使用这类充电机的客户特别要注意安全。

相关知识

1.环形变压器

变压器是变换交流电压、电流和阻抗的器件，当初级线圈中通过交流电流时，铁心（或磁芯）中便产生交流磁通，使次级线圈中感应出电压（或电流）。变压器由铁心（或磁芯）和线圈组成，线圈有两个或两个以上的绕组，其中接电源的绕组叫初级线圈，其余的绕组叫次级线圈。硅整流充电机大多使用环形降压变压器。环形降压变压器外形如图5-5所示。

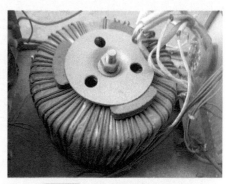

图 5-5　环形降压变压器外形

2.整流二极管

整流二极管是二极管的一种，它的作用是将交流电能转变为直流电能。所谓整流就是将交流电转换为直流电的过程。整流二极管通常包含一个PN结，有正极和负极两个端子。整流二极管一般为平面型硅二极管，用于各种电源整流电路中。整流二极管外形如图5-6所示。在硅整流充电机中，通常将4个二极管做成集成电路，整流桥集成电路外形如图5-7所示。

图 5-6　整流二极管外形

图 5-7　整流桥集成电路外形

四、充电器的替换

替换充电器时应与原充电器型号相同，主要是输出电压和被充蓄电池的容量参数都要与电动自行车相配套，还要注意充电器输出插头的极性要与蓄电池插头极性对应，否则会造成充电器损坏。

可通用的充电器如下：

1）36V/10A·h、36V/12A·h与36V/14A·h通用。

2）48V/10A·h、48V/12A·h与48V/14A·h通用。

3）48V/20A·h、48V/22A·h与48V/24A·h通用。

4）48V/28A·h与48V/32A·h通用。

5）60V/20A·h、60V/22A·h与60V/24A·h通用。

6）72V/20A·h、72V/22A·h与72V/24A·h通用。

　　另外，充电器的交流输入插头通用，直流输出插头不通用。直流输出插头有多种，有圆孔形插头、三孔插头、T形三孔插头、速派奇和澳柯玛车专用插头。

　　替换充电器时，圆孔形输出插头中间为正极，外壳为负极，可以通用替换，三孔插头不通用。圆孔形插头极性如图5-8所示。

　　T形三孔充电插头极性大多为N是正极，L是负极。也有N为负极，L为正极，例如绿源车和小鸟车。速派奇车专用插头与三孔插头外形一样，只是N为正极，E为负极。

　　T形三孔插头常见极性如图5-9所示。三孔插头实物如图5-10所示。澳柯玛车专用插头如图5-11所示。

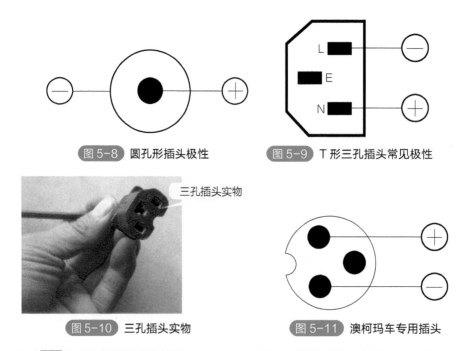

图5-8　圆孔形插头极性

图5-9　T形三孔插头常见极性

三孔插头实物

图5-10　三孔插头实物

图5-11　澳柯玛车专用插头

名师指导

48V充电器直流输出插头正负极的判断技巧

　　万用表置于直流200V挡，将充电器插上交流电，测量充电器的直流输出插头，如果万用表显示屏显示为负值（"-××V"）电压，表示红表笔所接插头为负极，如图5-12所示。如果万用表显示屏显示为正值（"××V"）电压，表示红表笔所接插头为正极，如图5-13所示。

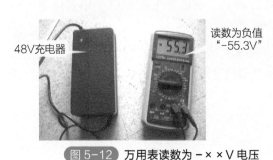

48V充电器　　读数为负值"-55.3V"

图 5-12 万用表读数为 -××V 电压

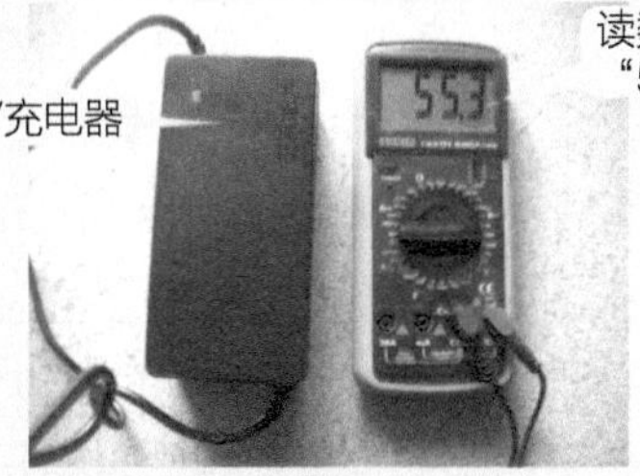

48V充电器　　读数为正值"55.3V"

图 5-13 万用表读数为 ××V 电压

五、充电器的正确使用方法

充电器的正确使用，不仅影响到充电器自身的可靠性和使用寿命，而且还会影响到蓄电池的使用寿命。

1. 充电器的使用方法

充电时，先插蓄电池插头，然后插上市电插头。充电时，充电器的电源指示灯显示红色，充电指示灯也显示红色。充电指示灯变为绿色后表示蓄电池已基本充满，如不急用，可再浮充1~2h。新蓄电池放完电后，充电时间为6~8h，实际使用中应根据每天的骑行距离，蓄电池放电情况而定。充足电后，先切断市电，后拔下蓄电池插头。如果在充

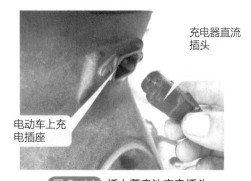

充电器直流插头

电动车上充电插座

图 5-14 插上蓄电池充电插头

电时先拔蓄电池插头，特别是充电电流大（红灯）时，非常容易损坏充电器。插上蓄电池充电插头如图5-14所示。插上220V交流电插头如图 5-15所示。充电器充电实物如图5-16所示。

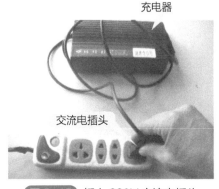

充电器

交流电插头

图 5-15 插上 220V 交流电插头

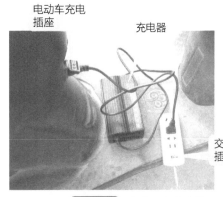

电动车充电插座

充电器

交流220V插座

图 5-16 充电器充电实物

2.充电器使用注意事项

1）当取下蓄电池时，注意不要用手或金属制品去触摸蓄电池的两个电极触头，以免受伤。另外，蓄电池应平放，注意不要倒置。

2）应将充电器放置在干燥、通风良好的环境下使用，并需防潮、防湿。充电器工作时会产生一定的热量，充电器底部或四周严禁放置易燃物品，如塑料或泡沫等。如果在充电时闻到异味或充电器外壳温度过高，应立即停止充电，检查修理。

3）充电时，蓄电池及充电器应放置在儿童触及不到的安全地方。

4）使用或存放充电器时，应防止任何液体或金属屑粒等进入充电器内部。防止跌落及撞击，以免造成充电器损坏。

5）充电器属于较精密的电子设备，因此，在使用中要注意防振动。尽量不要随车携带，如确需携带，应将充电器用减振材料包装好后放置于车上工具箱内，并应注意防雨。

6）充电器内部有高压电路，用户不要擅自拆卸。

第二节　充电器故障检测和维修方法

一、充电器故障检测方法

1.观察充电器的指示灯

1）正常情况下，充电器空载时电源指示灯为红色，充电指示灯为绿色或橙色。如果指示灯不亮为有故障，应检修。

2）正常情况下，充电器插上蓄电池充电时电源指示灯为红色，充电指示灯刚充电时为红色，充满电后变为绿色或橙色。如果指示灯不亮为有故障，应检修。

2.测量空载电压法

正常情况下，用万用表直流200V挡，测量充电器的直流输出端空载电压，48V充电器输出空载电压为56V左右，如图5-17所示。60V充电器输出空载电压为72V左右，如图5-18所示。72V充电器输出空载电压为87V左右，如图5-19所示。84V充电器输出空载电压为100V左右。否则，说明充电器有故障，应检修或更换相同型号。

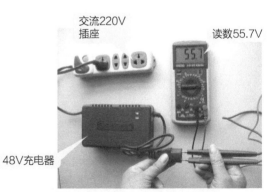

交流220V插座　　　　读数55.7V

48V充电器

图 5-17　48V 充电器电压测量

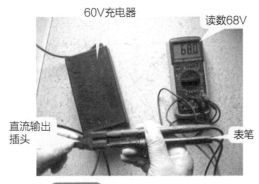

图 5-18　60V 充电器电压测量

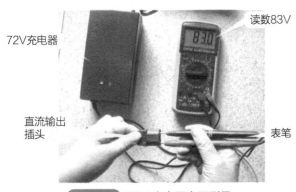

图 5-19　72V 充电器电压测量

3.测电流法

将万用表置于直流20A挡，红表笔插入20A插孔，把万用表表笔串接在充电器与蓄电池之间的任一根引线上，观察万用表的读数。正常情况下，48V/12A·h充电器充电电流在1.8A左右；48V/20A·h充电器充电电流在2.8A左右，如电流过小或过大均为充电器有故障。测电流法示意图如图5-20所示。

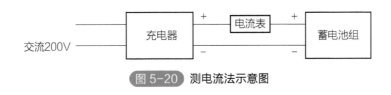

图 5-20　测电流法示意图

二、充电器故障排除方法

1.故障现象：充电器不充电，插上蓄电池后显示绿灯

排除方法：

1）首先检查蓄电池充电插座和充电器直流充电插头是否损坏或氧化。如果是，应更换新件。

2）使用万用表的直流200V挡测量蓄电池的充电插座，应有与蓄电池组一致的电压。48V蓄电池组电压在48~54V；60V蓄电池组电压在60~67.5V；72V蓄电池组电压在72~81V；84V蓄电池组电压在84~94.5V。如果蓄电池组电压异常，应打开蓄电池盒检查蓄电池及连线。测量60V蓄电池组电压如图5-21所示。

图 5-21 测量 60V 蓄电池组电压

3）将充电器插上交流电，使用万用表的直流200V挡，测量充电器的直流输出插头电压是否正常。48V充电器为56V左右；60V充电器为72V左右；72V充电器为85V左右；84V充电器为98V左右。如果充电器输出电压不正常，说明充电器损坏，应检修或更换。测量60V充电器直流输出电压如图5-22所示。

图 5-22 测量 60V 充电器直流输出电压

名师指导

电动自行车新国标实施后，新生产的电动自行车充电器插上交流电，不插蓄电池组插头时，直流输出端测量无电压。换句话说就是充电器空载时无输出，只有当充电器插上蓄电池充电时，充电器才开始供电，红色充电指示灯点亮，此时才有充电电流。

4）使用万用表的蜂鸣器挡测量充电器直流输出熔丝是否烧坏，若充电器各指示灯均不亮，需更换熔丝。

2. 故障现象：充电器充电 10h，不变绿灯

排除方法：

1）此种故障大多发生在蓄电池使用一年以后，首先检查充电器型号与蓄电组是否

一致。

2）然后测量充电器的直流输出端，看输出电压是否过高。

3）充电时间超过10h，充电状态指示灯仍不变绿灯，说明蓄电池缺液，应由蓄电池保养专业人员适当加入补充电解液。

4）用一字螺丝刀撬开蓄电池上盖，打开安全阀，用注射器（要取下铁针头）对每个孔加入5~10mL补充液（密度为1.03g/cm³），加到覆盖极板即可。

加入补充液如图5-23所示。

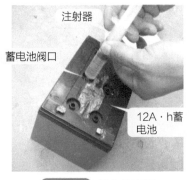

图 5-23 加入补充液

3. 故障现象：充电器充电时间短，不足3h就变为绿色，电动自行车行驶里程短

排除方法：

1）充电器性能指标变坏，内部电子元件老化，参数发生飘移。应更换新的同型号充电器试验。

2）如果更换充电器后，故障依旧，说明充电器无故障，故障大多为蓄电池组内某只蓄电池断格或单只蓄电池落后，可以使用万用表和蓄电池容量测试仪进行检查，如果找不到故障，可以使用蓄电池放电仪对蓄电池进行单只放电，排除单只故障后，说明蓄电池老化，应更换整组蓄电池。使用万用表测量每只蓄电池如图5-24所示。

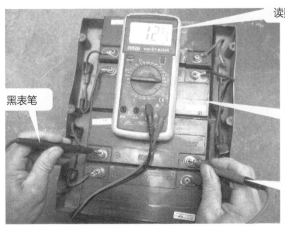

图 5-24 使用万用表测量每只蓄电池

4. 故障现象：充电器充电时，红绿指示灯都不亮

排除方法：

1）用万用表交流挡测量交流220V插座有无电压，如无电压，检查电源插座，恢复供电，如图5-25所示。

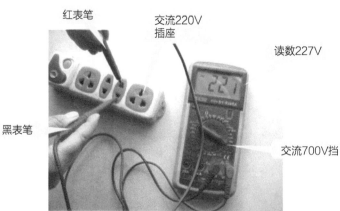

红表笔
交流220V
插座
读数227V
黑表笔
交流700V挡

图 5-25 测量交流 220V 插座

2）拔下充电器电源线，打开充电器外壳，用万用表蜂鸣器挡测量交流电源进线是否断路，如果断路应更换新线，两条交流电源线无正负极之分，可以任意插线，如图5-26所示。

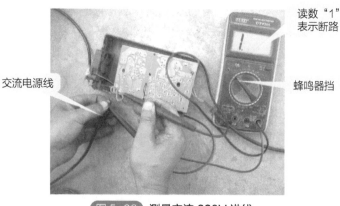

读数"1"
表示断路
交流电源线
蜂鸣器挡

图 5-26 测量交流 220V 进线

3）使用万用表蜂鸣器挡测量交流 220V/3A 熔丝是否熔断，如果损坏，应更换相同规格的熔丝，如图5-27所示。

图 5-27 测量交流输入熔丝

名师指导

　　检修交流熔丝熔断故障时，如果更换相同型号的熔丝后，仍然熔断，说明后续电路有短路故障，应进一步检查4个整流二极管和开关场效应晶体管是否短路，如果短路，更换相同型号的元器件即可排除故障。

5.故障现象：充电器充电时，有时充电，有时不充电

排除方法：

　　1）首先检查充电器充电插头和电动车充电插座是否烧坏，插头内铜片是否氧化和烧坏。如果损坏应更换新件。检查充电器充电插头如图5-28所示。

充电插头

图 5-28　检查充电器充电插头

　　2）如果故障依旧，检查充电器的输入和输出线是否有断路，可以使用万用表蜂鸣器挡测量。测量充电器直流输出线通断如图5-29所示。

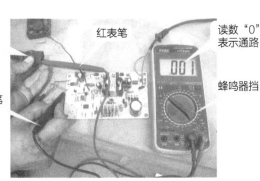

直流输出插头　　红表笔　　读数"0"表示通路

黑表笔　　蜂鸣器挡

图 5-29　测量充电器直流输出线通断

　　3）拆开充电器外壳，观察电路板上每个焊点，重点检查开关管、开关变压器等大元件的引脚是否有开焊。如果有开焊处，进行补焊，如图5-30所示。

焊点

电烙铁

焊锡丝

图 5-30　对开焊处进行补焊

6.硅整流充电机故障维修方法

1）检查充电机输入电源插头与市电有没有连接好，可将充电器输入插头插至正常的电源插座中再试一下。

2）打开充电机外壳，观察充电机内部和环形变压器是否烧坏。

3）使用万用表蜂鸣器挡，测量充电机的交流熔丝是否熔断，如图5-31所示。

图 5-31 检查交流熔丝

4）如果熔丝没有熔断，将充电机外壳打开，用万用表蜂鸣器挡检查交流电源输入线是否良好，如图5-32所示。

5）用万用表蜂鸣器挡测量电压、电流调节开关是否损坏，如图5-33所示。

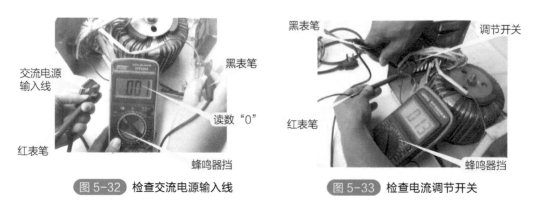

图 5-32 检查交流电源输入线　　　图 5-33 检查电流调节开关

6）用万用表二极管挡检测整流桥是否击穿短路，如果损坏，更换新件，如图5-34所示。

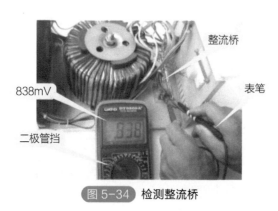

图 5-34 检测整流桥

第六章
无刷控制器原理与维修方法

第一节　无刷控制器原理与外部件的接线方法

一、无刷控制器的作用和结构原理

1. 控制器的作用

控制器的主要作用是控制电动机的转速，所以叫速度控制器。另外，生产厂家还根据用户需要加入其他辅助功能，例如前进、倒车，高、中、低速，零起动、反充电（能量再生）、时速显示，断电刹车等功能。

扫码看视频

控制器和调速转把配合，控制电动机的转速，能随刹车开关的闭合使电动机断电。并通过仪表控制线路，使仪表显示电源电压、欠电压及续驶里程。

2. 无刷控制器的结构原理

无刷控制器主要和无刷电动机配套使用，无刷控制器内部电路结构复杂，造价较高。500W无刷控制器外形如图6-1所示。500W无刷控制器内部电路如图6-2所示。

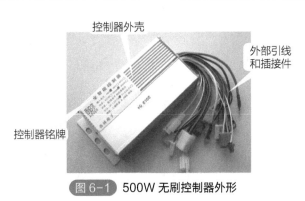

图6-1　500W 无刷控制器外形

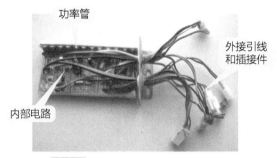

图 6-2 500W 无刷控制器内部电路

无刷控制器工作原理框图如图6-3所示。

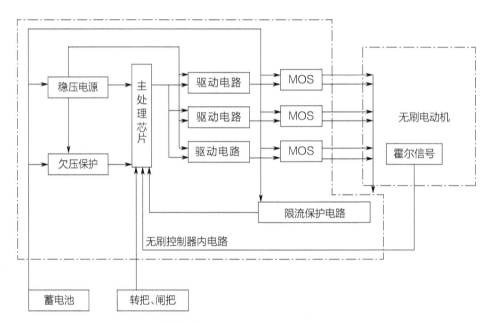

图 6-3 无刷控制器工作原理框图

无刷控制器工作原理如下：

1）内部稳压电源提供控制器内部主处理芯片及电子元件的工作电压。

2）主处理芯片PWM供电后工作，根据无刷电动机的霍尔信号对三路MOS管驱动电路给出有选择性的打开与关闭信号，以完成对电动机的换相。同时，根据转把的输入电压大小，将相应脉冲宽度的载波信号与MOS管导通信号混合，以达到控制电动机速度的目的。MOS管驱动电路将PWM信号整形放大，提供给MOS管。另外，对于三个MOS管来说，它们的驱动电平要求高于蓄电池供电电压，因此，MOS管驱动电路还要具有升压功能，将三路的MOS管导通信号变成高于蓄电池电压的超高方波信号。MOS管是大电流开关元件，其导通时间与关闭时间受导通信号与PWM信号合成的混合信号控制。

3）欠压保护电路在蓄电池电压降低到控制器设定值以下时，停止PWM芯片信号输出，以保护蓄电池不至于在低电压的情况下放电。

4）限流保护电路是对控制器输出的最大电流进行限制，以保护蓄电池、控制器、电动机等不会出现允许范围以上的大电流。

二、无刷控制器参数

常见48V/500W无刷控制器参数如下：

额定电压：48V。

欠压：31V±0.5V。

额定电流：10.4A。

限流：26A±0.5A。

手柄电压：1.1~4.2V。

刹车：高电平。

额定功率：500W。

环境温度：-20~75℃。

三、无刷控制器与外部电路的连接

无刷控制器的外部引线较多，其内部电路与有刷相比较复杂。无刷控制器的外部引线功能如图6-4所示。

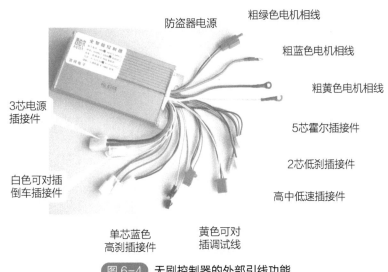

图 6-4　无刷控制器的外部引线功能

重要说明　由于生产厂家众多，国家没有统一标准，无刷控制器外接插接件的颜色和功能不一定相同，维修人员在实际维修时应以控制器生产厂家的说明为准。

1. 无刷控制器与蓄电池的连接

无刷控制器与蓄电池的连接方法是控制器的电源正极红色线对应蓄电池的正极线，将电源锁一端接在蓄电池的红色正极线上，另一端接在无刷控制器的电源锁细橙（细红）引线上。控制器的电源负极黑色线对应蓄电池的负极线，连接时注意正负极不可接反，否则会烧坏控制器。

无刷控制器与蓄电池的连接示意图如图6-5所示。

图 6-5 无刷控制器与蓄电池的连接

2. 无刷控制器与转把的连接

霍尔转把的引出线是线性霍尔元件的引出线，一般有三根，分别为：红色+5V电源线、黑色或黄色公共负极线、绿色或蓝色信号电压输出线，输出电压理论值为1~4.2V（实测值为0.8~3.5V）。霍尔转把的引出线功能如图6-6所示。转把引线与控制器引线的接线方法如图6-7所示。

图 6-6 霍尔转把的引出线功能

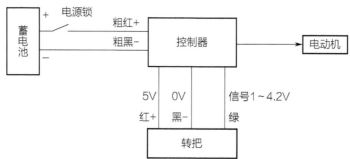

图 6-7 转把引线与控制器引线的接线方法

3. 无刷控制器与闸把的连接

机械式开关型闸把与控制器相配套有两种接法。如果是低电平刹车控制器，控制器上有红、黑两条刹车引出线，分别与闸把的红、黑线对接即可。闸把与控制器的低电平刹车线接法如图6-8所示。

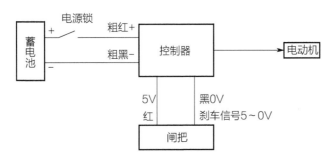

图 6-8　闸把与控制器的低电平刹车线接法

　　如果是高电平刹车控制器，控制器上一般只有一条刹车引出线，将这条高电平刹车线与闸把的黑色输出线对接，同时闸把黑色线要与刹车灯线相接，然后将闸把红色线与电源锁的黄色输出线对接，如果电动车带有转换器，这条线与转换器的12V输出线对接。当捏闸把时，闸把开关导通，48V或12V刹车信号给控制器，控制器断开电动机供电，同时刹车灯点亮。闸把与控制器的高电平刹车线接法如图6-9所示。

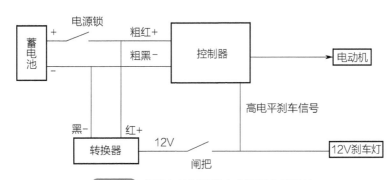

图 6-9　闸把与控制器的高电平刹车线接法

4. 无刷控制器与电动机的连接

　　无刷控制器与无刷电动机对接共有8根引线，其中3根粗线蓝（A相）、绿（B相）、黄（C相）接电动机相线，采用弹头形插接件。另外5根引线接无刷电动机的霍尔元件引线，采用5芯插接件，分别是霍尔元件的公共电源正极红线、公共电源负极黑线、A相霍尔输出蓝线、B相霍尔输出绿线和C相霍尔输出黄线。无刷控制器的8根引线与无刷电动机连接如图6-10所示。

图 6-10　无刷控制器的8根引线与无刷电动机连接

四、48V 无刷电动三轮车全车电路工作原理

48V 无刷电动三轮车全车电路如图 6-11 所示。

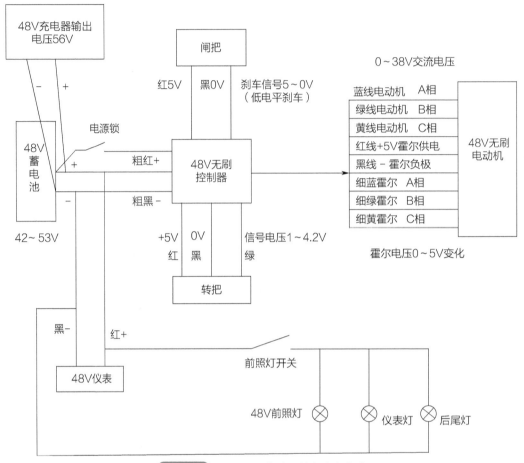

图 6-11 48V 无刷电动三轮车全车电路

无刷电动三轮车工作原理如下：

当用户打开电源锁后，仪表得到供电，电源指示灯亮，显示蓄电池电量。同时控制器也得到供电。此时，电动机不转，但是控制器输出 5V 电压给转把内的霍尔元件供电，同时输出 5V 电压给电动机内霍尔元件供电。

当用户旋转转把时，转把信号线输出 1~4.2V 电压，此电压传递给控制器，控制器的零起动功能使电动机起动。电动机起动后，其内部磁钢转动，使霍尔传感器产生对应的位置信号，使霍尔元件输出 0~5V 的开关信号电压，此信号传递给控制器，控制的三相引线输出 0~38V 的由低到高的交流电压，此电压作用到电动机线圈，电动机开始由慢到快旋转。

当用户手捏闸把时，控制器得到 5~0V（低电平刹车）的刹车信号电压，断开电动机供电，电动机停止运转，起刹车断电作用。

五、自学习双模无刷控制器

由于无刷控制器与无刷电动机的8根引线维修更换时配线较困难，目前二级市场大多采用自学习双模无刷控制器，又称万能无刷控制器。自学习无刷控制器的出现使无刷控制器与无刷电动机的配线更加简单、方便、快捷。其接线方法与普通型无刷控制器一样，只是另外多了一个自学习线插接件（又称调试线）。下面以自学习型48V、500W智能无刷控制器为例进行说明。自学习型48V、500W双模无刷控制器外形如图6-12所示。

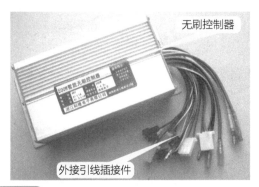

图 6-12　自学习型 48V、500W 双模无刷控制器外形

自学习型48V、500W双模无刷控制器接线方法如图6-13所示。

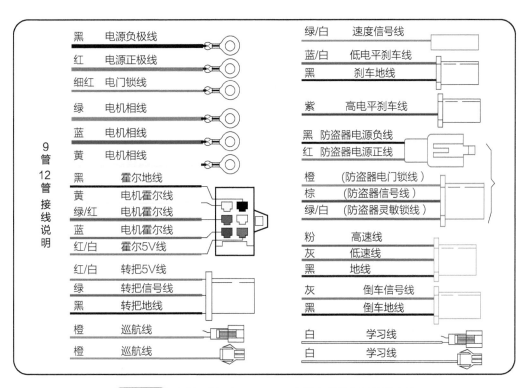

图 6-13　自学习型 48V、500W 双模无刷控制器接线方法

先将自学习线对接，然后接好控制器其他引线，为了方便操作，将电动机线和霍尔线按颜色对接，打开电门锁开关，电动机慢慢转动，控制器进入电动机模式识别，大约1min后，电动机模式识别完后，如果电动机旋转正常，并且自动将电动机的模式存入单片机，拔下自学习线即可（不用关闭电源锁）。若电动机反转，将自学习线拔下，然后再插上，按以上方法再自学习一次即可。

第二节　无刷控制器常见故障和维修方法

一、无刷控制器常见故障

无刷控制器常见故障是控制器进水烧坏；控制器无电压输出；控制器正负极接反烧坏；控制负载过重。

无刷控制器损坏原因如下：

（1）控制器电压击穿　无刷电动机内是三相脉动电流，有感应电动势，易导致控制烧毁。无刷电动机一般没有超越离合器，车轮转速越快，感应电动势就越高，当越过元器件的耐压值时，会导致控制器的电子换向系统"电压击穿"，轮子卡死，电动自行车就骑不动，也推不动，俗称"上坡不坏，下坡坏"。这时可将电动机输出线拔掉，使之"开路"，如果断开后用手转电动机正常，表明控制器损坏。这种情况常见的是控制器内MOS管击穿损坏。

（2）控制器内部元件烧坏　控制器内部元件烧坏，大多原因是控制器的电源正负极接反，或控制器雨天进水、控制器引线短路等。

二、无刷控制器损坏的维修方法

1）打开电源锁开关，观察仪表上的电源指示灯是否亮，如不亮，检查蓄电池和电源锁；如果亮，拔掉左右闸把两芯插接件，旋转转把试车，如果电动机旋转，说明闸把损坏，更换新闸把。

2）将万用表置于直流电压200V挡，测量控制器的供电线是否有蓄电池电压。如果没有电压，检查蓄电池、电源锁和控制器红色供电线的熔丝；如果有电压，说明控制器已经供电。测量无刷控制器的供电线电压如图6-14所示。

图6-14　测量无刷控制器的供电线电压

3）测量控制器的5V输出（转把的5V供电和霍尔5V供电），如果无5V电压，说明控制器的5V输出损坏，应更换控制器。测量控制器5V输出如图6-15所示。

图 6-15 测量控制器 5V 输出

4）如果转把5V供电正常，转动转把，测量转把的信号线与地线之间应有1~4.2V电压（实测值有误差）变化，如果无电压变化说明转把损坏，更换新转把。对于转把损坏造成的控制器无输出的故障，可用导线直接短接转把的电源线与信号线，如果电动机高速运转，说明转把损坏。测量转把信号线电压如图6-16所示。

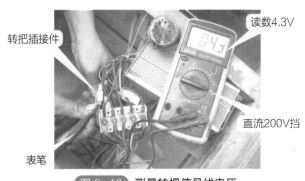

图 6-16 测量转把信号线电压

5）使用LY-2无刷电动车综合检测仪测量电动机霍尔元件的好坏，如果检测仪的3个霍尔检测灯亮、灭依次变化，说明霍尔元件正常，否则霍尔元件损坏，应更换电动机霍尔元件，或直接更换万能控制器。电动机霍尔元件检测如图6-17所示。

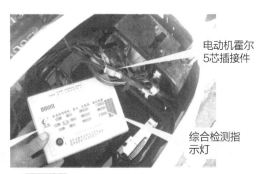

图 6-17 电动机霍尔元件检测

6）在转把和霍尔元件正常的情况下，将万用表置于交流200V挡，转动转把测量控制器与电动机的任两条引线应有0~38V由低到高的交流电压（48V车）。如无交流电压输出说明控制器损坏，应更换同型号新的控制器，如图6-18所示。

读数35V

电机接线柱

交流200V挡

图 6-18　测量无刷控制器输出交流电压

1. 万用表二极管挡检测无刷控制器好坏方法

选用万用表二极管挡，用红表笔接无刷控制器负极线，黑表笔依次测量无刷控制器电动机相线蓝、绿、黄线，三根引线测得的结果应约为550mV（因型号不同读数有误差），读数应基本一致，表示控制器基本正常，否则说明控制器损坏。需要说明的是，这种方法实际上是测量控制器内MOS管的好坏，因为控制烧坏，大多为MOS管击穿短路，经过以上测量读数基本一样，只能说明控制基本正常，不代表100%正常；但是读数不一样，例如有个数值显示为"0"，可判断控制损坏。万用表二极管挡检测无刷控制器如图6-19所示。

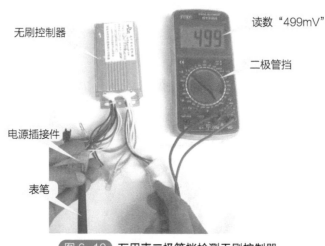

无刷控制器

读数"499mV"

二极管挡

电源插接件

表笔

图 6-19　万用表二极管挡检测无刷控制器

2. "绿盟"牌LY-2无刷电动车综合检测仪检测无刷控制器

把原车无刷电动机与控制器的插头线一起断开，然后检测仪五芯线插头与控制器五芯线插座对接牢固，五芯线插头与无刷电动机五芯线分插头对接牢固，检测仪的黄、绿、蓝三根子弹头线与无刷控制器的黄、绿、蓝三根粗相线对接牢固，打开电源锁，将转把转到最大位置，观察检测仪上对应的三组控制器检测指示灯，应有规律地依次交替闪亮，得出检测结果是控制器无故障。反之，有一组指示灯长亮或不亮，证明该相线功率管已损坏，也就是控制器损坏。综合检测仪检测无刷控制器如图6-20所示。

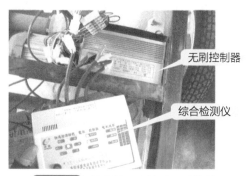

图 6-20　综合检测仪检测无刷控制器

三、无刷控制器各接口的工作状态及参数

正常情况下无刷控制器各接口的工作状态及参数见表6-1。

表6-1　正常情况下无刷控制器各接口的状态及参数

类别	接口名称	状态	说明
控制器电源	电源 48V	42~54V	蓄电池"+"端的电压，使用过程中，电压会随着电量的多少而变化，电压只有在 42~54V 这个范围里，控制器才可以正常工作，42V 是控制器的欠压点，低于该点控制器不工作。54V 是充满电后的电压，过高的电压也会引起控制器的损坏
	电源 5V	5V ± 0.5V	仅用来给调速转把、位置传感器等霍尔元件小电流供电。不可给外部其他元件供电；不可对地短路
	地线	0V	蓄电池的"−"端，是测量电压的参考点，与控制器相关的电路都是同一根地线
控制信号	刹车信号	5V 或 0V	低电平刹车，5V 表示刹车不起作用，0V 表示刹车起作用
	调速信号	0~4.2V ± 0.5V	在这个范围里调速起作用，电压的大小和速度的快慢成正比
位置传感器信号	A 相位置信号	0V 或 5V	3 相位置信号的理论波形和相对关系，可以使用示波器观察。也可用万用表测量，打开电源锁，用手慢慢转动电动机，用直流电压挡测量信号线对地线的电压应为 0~5V 变化
	B 相位置信号		
	C 相位置信号		
电动机驱动输出	电动机 A 相	0~38V 交流电压	在调速信号为最高时，它们的理论波形，可以使用示波器观察。在调速信号不为最高时波形上会带有斩波
	电动机 B 相		
	电动机 C 相		

第七章
无刷电动机结构原理与维修方法

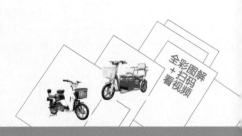

第一节 无刷电动机的结构和原理

一、无刷电动机的结构

扫码看视频

目前，电动自行车和代步车大多采用直流无刷电动机。

无刷电动机由定子铁心和绕组、转子磁钢、电动机轴、左右端盖和轴承等部件组成。无刷电动机分解后如图7-1所示。

图 7-1 无刷电动机分解后

1. 定子铁心和绕组

定子是电动机静止不动部分，定子的材料是铁心，定子由电动机轴、线圈绕组、3个霍尔元件组成。无刷电动机定子如图7-2所示。

霍尔元件A　　霍尔元件B

霍尔元件C

线圈绕组

定子铁心

电动机轴　　　　　　　　轴承

图 7-2　无刷电动机定子

2.转子磁钢

无刷电动机转子就是旋转部分，转子上面有磁钢，无刷电动机磁钢一般做成直片状，按N、S进行排列，用环氧树脂胶粘在电动机转子上。无刷电动机转子如图7-3所示。

3.霍尔元件

霍尔元件又称霍尔式位置传感器，无刷电动机绕组上有3组线圈，所以有3个开关型霍尔元件。在这里，霍尔元件起位置传感器的作用，检测转子磁极的

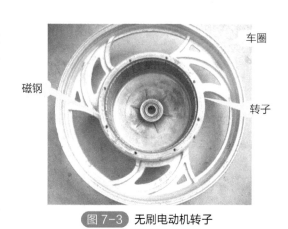

车圈

磁钢

转子

图 7-3　无刷电动机转子

位置，它的输出使定子绕组供电电路通断，又起开关作用，当转子磁极离去时，上一个霍尔元件停止工作，下一个元件开始工作，转子磁极总是面对磁场，霍尔元件又起改变定子电流的换向作用。霍尔元件在无刷电动机定子上的位置如图7-4所示。

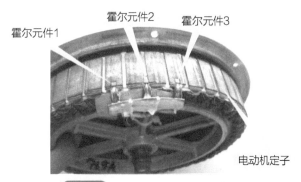

霍尔元件2

霍尔元件1　　　　　　　霍尔元件3

电动机定子

图 7-4　霍尔元件在定子上的位置

4.端盖和轴承

左右端盖起支撑作用，端盖内部安装有轴承。电动机轴和轴承起连接定子和转子

部分作用。端盖和轴承如图7-5所示。

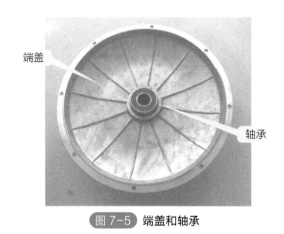

图 7-5 端盖和轴承

二、无刷电动机的工作原理

直流无刷电动机由电动机主体和驱动器组成，是一种典型的机电一体化产品。电动机的定子绕组多做成三相对称星形接法，同三相异步电动机十分相似，电动机的三相定子绕组各相差120°，电动机的转子上粘有已充磁的永磁体，为了检测电动机转子的极性，在电动机内装有霍尔式位置传感器。下面以无刷电动机的工作模型图，阐述无刷电动机的工作原理。

无刷直流电动机的工作模型图如图7-6所示。

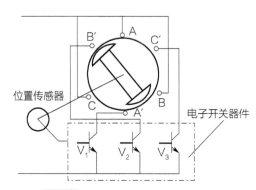

图 7-6 无刷直流电动机工作模型图

无刷电动机没有电刷和换向器，采用开关型霍尔元件作为位置传感器。位置传感器和定子绕组是固定不转的，转子是永久磁体，磁体经过转子位置传感器后，霍尔元件产生一个脉冲。由控制器根据转子的位置，为电动机里面的线圈提供不同方向的电流，达到电流方向交替变化的目的。

直流无刷电动机使用永磁转子，在定子的适当位置放置3个霍尔元件，它们的输出和相应的定子绕组的供电电路相连。当转子经过霍尔元件附近时，永磁转子的磁场使已通电的霍尔元件输出一个电压使定子绕组供电电路导通，给相应的定子绕组供电，产生和转子磁场极性相同的磁场，推动转子继续转动到下一位置，前一位置的霍尔元件停止工作，下一位置的霍尔元件导通，使下一绕组通电，产生磁场使转子继续转动。如此循环，维持电动机的工作。

无刷电动机的磁钢数量比较多，常见有12片、16片、18片，其对应的定子槽数是36槽、48槽、54槽。线圈一般有3组，每组线圈都有相应的霍尔元件，霍尔元件通常安装在转子有引线一端，并靠近定子磁钢的地方，这样电动机旋转时就更加平稳，效率更高。

无刷直流电动机以霍尔式传感器取代电刷、换向器，以钕铁硼作为转子的永磁材料，通过电子开关电路控制电动机线圈中电流的接通与断开，电路的通断由霍尔元件检测控制。三相绕组在霍尔元件的控制下换向导通，使转子不停转动。无刷直流电动机产品性能超越传统直流电动机的所有优点，同时又解决了直流电动机电刷易磨坏的缺点，是当今最理想的调速电动机，在电动自行车上取代传统直流有刷电动机可以达到更高效率。由于采用方波驱动，让铅酸蓄电池有时间修补电极板，可以延长蓄电池的寿命，提高约1.3倍的蓄电池容量，极大地改善了蓄电池的性能。

三、无刷电动机与控制器的接线方法

无刷电动机共有8根引线，其中三根粗线蓝（A相）、绿（B相）、黄（C相）是电动机相线（即线圈引出线）。另外5根引线是无刷电动机的霍尔元件引线，分别是霍尔元件的公共电源正极红线、公共电源负极黑线、A相霍尔输出蓝线、B相霍尔输出绿线和C相霍尔输出黄线。无刷电动机的8根引线如图7-7所示。

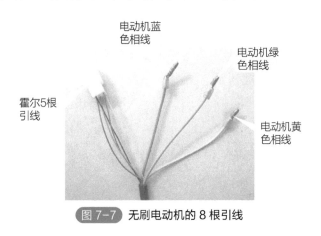

图 7-7　无刷电动机的 8 根引线

无刷电动机线圈引线3根，霍尔引线5根，这8根引线必须和控制器相应引线按颜色一一对应连接，如果电动机正常旋转，说明电动机与控制器的相序对应。如果电动机不能正常转动，需要对电动机的蓝、绿、黄3根相线分别进行对调试车。如果电动机不能正常转动，还需要对霍尔元件的蓝、绿、黄3根引线分别进行对调试车。所以无刷

电动机与控制器的连接有6根引线需对调6次共有36种接法。这36种接法主要是指早期生产的电动机与控制器和整车厂家生产的电动机与控制器，目前维修人员大多采用万能双模控制器，自动识别电动机相序。

无刷电动机的8根引线与控制器对接示意图如图7-8所示。

无刷电动机		
粗蓝线（电动机A相线）	粗蓝线	无刷控制器
粗绿线（电动机B相线）	粗绿线	
粗黄线（电动机C相线）	粗黄线	
细红线（霍尔电源+5V）	细红线	
细黑线（霍尔电源–）	细黑线	
细蓝线（霍尔A相线）	细蓝线	
细绿线（霍尔B相线）	细绿线	
细黄线（霍尔C相线）	细黄线	

图 7-8 无刷电动机的8根引线与控制器对接示意图

名师指导

无刷电动机的相角

无刷电动机的相角是无刷电动机的相位代数角的简称，指无刷电动机各线圈在一个通电周期里线圈内部电流方向改变的角度。

电动自行车无刷电动机的相角有120°与60°两种。一般120°相角电动机的三个霍尔元件摆放位置是平行的。60°相角电动机的三个霍尔元件中间的一个霍尔元件是呈翻转180°摆放的。120°与60°两种相角的霍尔元件摆放位置如图7-9所示。

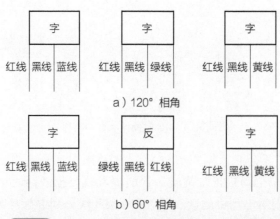

图 7-9 120°与60°两种相角的霍尔元件摆放位置

120°和60°相角的无刷电动机，需要由与之相对应的120°和60°相角的无刷电动机控制器来驱动，不同相角的电动机与控制器不能替换。

120°相角的无刷电动机与120°相角的控制器，通过调整线圈引线的相序和霍尔引线的相序，有6种正确接线电动机会旋转，其中3种接法电动机正转，另外3种接法电动机反转。

60°相角的无刷电动机与60°相角控制器通过调整线圈引线的相序和霍尔引线的相序，有两种正确接线电动机会旋转，一种正转，另一种反转。

判断电动机的相角有以下3种方法：

1）观察电动机内霍尔元件的摆放情况，通过霍尔引线的红线的位置就可作出判断，如果3个霍尔元件字面向上（红色电源线在左边），说明是120°；如果中间一个霍尔元件字面向下（红色电源线在右边），说明是60°。此法只有在打开电动机后才能看到。

2）观看无刷控制器的标签，因为无刷控制器要与无刷电动机相序对应。

3）用"绿盟"牌LY-2无刷电动机综合检测仪检测判断。如果检测仪的60°指示灯亮，说明电动机是60°；如果检测仪的60°指示灯不亮，说明电动机是120°。

第二节　电动三轮车、代步车用无刷差速电动机结构原理

一、无刷差速电动机概述

目前，无刷电动三轮车大多采用无刷差速电动机，无刷差速电动机由一个普通无刷电动机和一个差速离合器组成。它的结构设计合理紧凑，节能、环保、省电、低噪声；内部采用全钢齿轮传动，拆装方便；采用双驱差速传动，转矩大、爬坡载重能力强。

差速电动机后桥驱动系统的优点在于：差速电动机和电动三轮车后桥为一体，由电动机侧盖与后桥半轴密封连接，可以由电动机的差速转子转动带动后桥半轴转动，并由后桥半轴带动两端的车轮行驶，实现了电动三轮车的电动机和后桥底盘一体化的目的，使电动三轮车的底盘在传动中减小了阻力，又可以提高电动三轮车车速、降低噪声，其结构简单，易于操作。

无刷差速电动机外形如图7-10所示。

扫码看视频

无刷电动机

后桥

差速器

图7-10 无刷差速电动机外形

二、无刷差速电动机的结构

无刷差速电动机由电动机转子、电动机定子两大部件组成，其他附件有左、右端盖和轴承。无刷差速电动机拆卸后内部结构如图7-11所示。

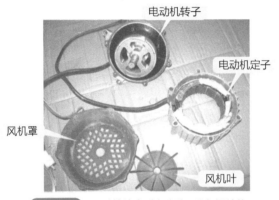

图 7-11 无刷差速电动机拆卸后内部结构

1. 转子

无刷电动机转子就是旋转部分，转子上面有磁钢，无刷电动机磁钢一般做成直片状，按N、S进行排列，用环氧树脂胶粘在电动机转子上。无刷差速电动机转子如图7-12所示。

图 7-12 无刷差速电动机转子

2. 定子

定子就是静止部分，定子上面有线圈、霍尔元件。无刷差速电动机定子如图7-13所示。

3. 霍尔元件

霍尔元件又称霍尔式传感器，无刷电动机采用3个开关型霍尔元件。在这里，霍尔元件起位置传感器的作用，检测转子磁极的位置，它的输出使定子绕组供电电路通断，又起开关作用，当转子磁极离去时，上一个霍尔元件停止工作，

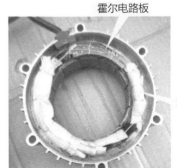

图 7-13 无刷差速电动机定子

下一个元件开始工作，转子磁极总是面对磁场，霍尔元件又起改变定子电流的换向作用。霍尔元件外形如图7-14所示。

3个霍尔元件

图 7-14 霍尔元件外形

4. 端盖和轴承

左、右端盖起支撑作用。轴承和电动机轴连接转动部分与不动部分。无刷差速电动机端盖和轴承如图7-15所示。

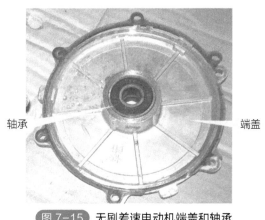

轴承　　　　　　　　　　　　端盖

图 7-15 无刷差速电动机端盖和轴承

第三节　无刷电动机的常见故障和维修方法

一、电动机磁钢脱落的维修方法

1. 故障现象

磁钢常见的故障是电动机进水使磁钢脱落，故障表现是电动机无力、转速慢、带载能力差或有怪声。

2. 判断方法

1）用手慢慢地转动电动机，如果在一个位置感觉很沉重，另一个位置感觉很轻，可判断磁钢脱落，如图7-16所示。

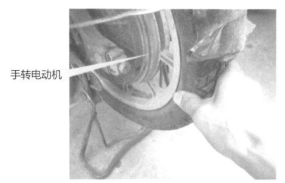

手转电动机

图 7-16　磁钢脱落的判断

2）打开电源锁，转动转把试转电动机，听电动机的声音，能听到电磁怪声。

3.维修过程

1）打开电动机检查磁钢是否脱落或损坏，检查时要仔细，因为磁钢脱落后有时在原位置不动，不易发现，检查时可用皮锤敲击试验。如果磁钢脱落，需重新用AB胶粘牢。

2）小心取下旧磁钢，如果磁钢脱落多块，最好的方法是取下一块粘牢，再取下另一块，以防磁钢损坏或顺序搞乱。如果顺序搞乱，要按N、S顺序排列进行粘接，方法是从磁钢的侧面进行吸引试验，如果相互吸引，可以进行粘接；如果相互排斥，需更换另一块；如果磁钢损坏，要更换新磁钢。然后用砂布打磨并清理旧磁钢及定子上杂物。用砂布打磨如图7-17所示。

3）首先把AB胶按1∶1比例调好，将AB胶涂在定子上，把磁钢放在原位置粘牢。粘牢磁钢如图7-18所示。

磁钢

砂布

图 7-17　用砂布打磨

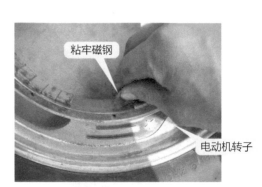

粘牢磁钢

电动机转子

图 7-18　粘牢磁钢

二、电动机扫膛的维修方法

1.故障现象

定子和转子间有空气隙，一般掌握在0.2~1mm之间，空气隙越小越好。电动机扫膛就是电动机定子与转子相碰。电动机扫膛后，会造成电动机发热并发出怪声。

2. 电动机扫膛的原因

1）轴承磨损或破裂。

2）轴承走内圆或走外圆。

3）电动机轴弯曲。

4）电动机加工公差太大。

5）电动机装配质量差。

3. 避免电动机扫膛的措施和维修方法

1）选购高质量电动机。

2）选用高质量的轴承，按规定定期检查、加注、更换润滑油脂，如果轴承损坏，应更换新轴承。

3）电动机轴变形，校正转轴，如果不行要换新轴。

三、电动机的空载电流大维修方法

1. 故障现象

电动机空载电流大一般表现为蓄电池放电过快，电动自行车续行里程减短，并伴有电动机发热现象。

2. 判断方法

将万用表置于直流20A挡，将红、黑表笔串联在控制器的电源输入端。打开电源，在电动机不转动的情况下，记录下此时万用表的最大电流数值I_1。转动转把，使电动机高速空载转动10s以上。等电动机转速稳定以后，开始观察并记录此时万用表的最大数值I_2，如图7-19所示。电动机的空载电流$=I_2-I_1$。计算的数值与表7-1进行对照，一般电动机的空载电流不应超过2A。如果电动机的空载电流大于表7-1中参考极限数据，说明电动机出现故障，需打开电动机进行检修。

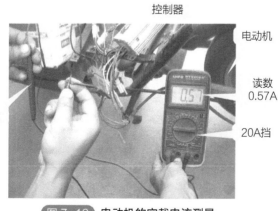

图 7-19　电动机的空载电流测量

127

表7-1　各种电动机的无故障最大极限空载电流

电动机形式	额定电压 24V	额定电压 36V	额定电压 48V
有刷有齿电动机	1.7A	1.0A	0.6A
有刷无齿电动机	1.0A	0.6A	0.4A
无刷有齿电动机	1.7A	1.0A	0.6A
无刷无齿电动机	1.0A	0.6A	0.4A
侧挂电动机	2.2A	1.8A	1.4A

3. 故障原因

1）电动机内部机械摩擦大、电动机扫膛。

2）轴承损坏。

3）电刷磨损、刷架损坏。

4）磁钢脱落、损坏。

5）换向器短路、损坏。

6）线圈局部短路。

4. 维修方法

对于电动机电流大的故障，要查出原因，采取相应的方法进行检修。

四、电动机轴承的维修方法

1. 故障现象

轴承损坏会造成电动机有噪声，严重时会造成定子扫膛、电动机壳体发热等现象。

2. 判断方法

首先从电动自行车上卸下电动机，打开电动机端盖，将左手指插入轴承内径，用右手转动端盖，检查轴承是否损坏，如图7-20所示。

端盖

轴承

图 7-20　检查轴承

3.维修方法

1）如果轴承在电动机轴上，需用拉拔器取下旧轴承。如果轴承在电动机端盖上，把端盖放在木板下，将螺丝刀对准轴承内径，用锤子击打螺丝刀，可将轴承取下。取下旧轴承如图7-21所示。

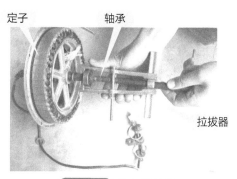

定子　　　　轴承

拉拔器

图 7-21　取下旧轴承

2）把同型号新轴承放在端盖轴承位置上，用手锤柄击打轴承，使轴承到位。不论轴承从轴上取下还是从端盖上取下，都要把轴承安装在端盖上，安装方便。轴承的安装如图7-22所示。

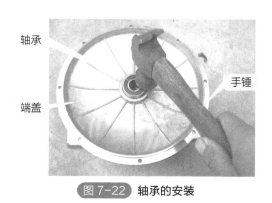

轴承

手锤

端盖

图 7-22　轴承的安装

五、无刷电动机霍尔元件维修方法

1.故障现象

无刷电动机霍尔元件1个损坏，会造成电动机缺相，表现为电动机乏力、转速低。如果2个或3个霍尔元件损坏，会造成电动机不转的故障。

2.判断方法

1）使用数字式万用表二极管挡，红表笔对霍尔元件的黑色负极线，黑表笔依次测量霍尔元件的蓝、绿、黄引线，读数都在"623"左右（因型号不同测量结果有误差）。如果测量结果为"0"，说明霍尔元件击穿；如果测量结果为"1"，说明霍尔元件断路。

二极管挡测量霍尔元件如图7-23所示。

图 7-23 二极管挡测量霍尔元件

2）用"绿盟"牌LY-2无刷电动机综合检测仪检测，方便快捷。将电动机霍尔元件引线插入检测器，转动电动机，霍尔检测的各指示灯依次闪亮，说明霍尔元件正常；如果检测灯出现常亮或者不亮，则表明该路霍尔元件损坏，如图7-24所示。

无刷电动机

综合检测仪

图 7-24 综合检测仪检测霍尔元件

3. 维修过程

1）如果霍尔元件损坏，为了保证电动机换相精确，需将3个霍尔元件同时更换。首先记住原霍尔元件红线（即电源脚）的安装位置，然后将霍尔元件引脚与引出线剪断，并用小号一字螺丝刀去掉旧霍尔元件，清理霍尔元件安装槽。去掉旧霍尔元件如图7-25所示。

旧霍尔元件

一字螺丝刀

图 7-25 去掉旧霍尔元件

2）按原位置将新霍尔元件放在凹槽内，并用AB胶粘牢，如图7-26所示。

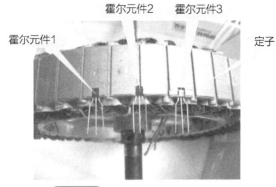

图 7-26 用 AB 胶粘牢新霍尔元件

3）用50W以内的电烙铁将新霍尔元件引脚焊上，然后将5根引线分别焊好，焊接前要先将霍尔元件引脚上套上绝缘管，以防霍尔引脚短路，如图7-27所示。

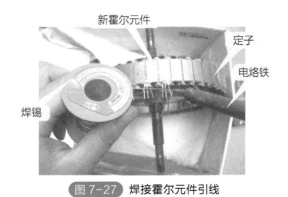

图 7-27 焊接霍尔元件引线

第八章

电动自行车、三轮车、代步车故障维修实例

第一节　电动自行车故障维修实例

一、爱玛电动自行车后制动失灵

（1）故障现象　用户反映该车后制动失灵，制动不起作用。

（2）故障分析　该车采用随动闸制动，故障可能由以下原因引起：

1）制动闸把损坏。

2）制动调整钢丝过松。

3）抱刹内制动带损坏。

（3）故障排除方法

1）首先手捏检查制动闸把是否正常，如图8-1所示。

2）用十号套筒扳手调整制动钢丝，松紧适度，如图8-2所示。打开电源，测试制动仍不起作用。

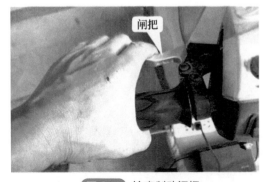

图 8-1　检查制动闸把

图 8-2　调整制动钢丝

3）将电动车后轮从车上卸下，检查随动闸内制动带磨损严重，更换新的全套随动闸。然后调整好制动钢丝，手捏闸把试验制动正常。更换新随动闸如图8-3所示。

图 8-3　更换新随动闸

二、飞鸽电动自行车行驶时前把左右晃动

（1）故障现象　用户反映该车行驶时前把左右晃动，车速越高，晃动越厉害。

（2）故障分析　该故障可能由以下原因引起：

1）前叉轴上部固定螺钉松动。

2）前叉下部压力轴承松动。

3）前叉下部压力轴承内钢球损坏。

（3）故障排除方法

1）首先对前叉上部车把与前轴的固定螺母进行紧固，试骑电动车故障依旧，如图 8-4 所示。

2）然后检查前叉上轴固定螺母松动，使用扳手对螺母进行紧固，试骑电动车恢复正常，如图8-5所示。

图 8-4　紧固车把固定螺母

图 8-5　紧固前叉上轴固定螺母

三、新日电动自行车前轮有故障并有杂音

（1）故障现象　用户反映该车前轮有故障并有杂音，骑行速度变慢。

（2）故障分析　产生故障原因可能有以下几种：

1）前轮车圈变形。

2）前轮胎损坏。

3）前轮挡板松动。

4）前轴螺钉松动或轴承损坏。

（3）故障排除方法

1）首先检查前轮没有发现变形，如图8-6所示。

2）然后检查前轮胎无损坏。

3）检查前轮挡板未发现松动。

4）进行下一步检查，架空前轮转动，发现前轮转动困难。然后左右晃动前轴检查，发现前轴与车轮间隙过大。故障原因可能是前轮轴承损坏。

5）把前轮从车上卸下，检查前轴轴承损坏严重，从旧轴承油封上观察轴承型号为6201，用同型号轴承更换，故障排除，如图8-7所示。

图 8-6 检查前轮

图 8-7 更换轴承

四、雅迪电动自行车前照灯不亮

（1）故障现象　用户反映该车前照灯不亮，喇叭、转向灯功能正常。

（2）故障分析　该故障可能是灯泡损坏或供电线路故障。

（3）故障排除方法

1）首先用螺丝刀打开前头罩，如图8-8所示。

图 8-8 打开前头罩

2）用万用表直流电压挡测量蓄电池与仪表供电有50.6V电压，判断供电线路正常，如图8-9所示。

3）判断可能是前照灯灯泡损坏，检查发现灯泡烧黑，观察前照灯供电电压为48V，用同型号灯泡更换，故障排除，如图8-10所示。

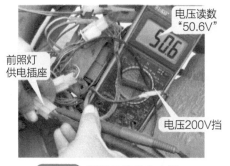

图 8-9　测量仪表供电电压

图 8-10　更换新灯泡

五、台铃电动自行车喇叭不响

（1）故障现象　用户反映该车喇叭不响，前照灯、转向灯功能正常。

（2）故障分析　前照灯、转向灯功能正常，说明转换器正常，该故障可能是喇叭供电线路故障或喇叭损坏。

（3）故障排除方法

1）首先打开前头罩，用万用表直流电压挡检查喇叭供电线有12V电压。检查喇叭插接件无损坏和接触不良，判断喇叭损坏。检查喇叭插接件如图8-11所示。

2）打开电源锁，用万用表的200V直流电压挡，测量喇叭的供电电压为12.3V，说明供电正常，判断喇叭损坏，如图8-12所示。将坏喇叭去掉，用12V同型号新件更换试机，喇叭恢复正常。

图 8-11　检查喇叭插接件

图 8-12　测量喇叭供电

六、绿佳电动自行车仪表不显示，但行驶正常

（1）故障现象　用户反映该车仪表上无显示，但电动自行车骑行正常。

（2）故障分析　此故障可能是仪表供电线出现故障或仪表损坏。

（3）故障排除方法

1）首先检查仪表部分线束和插接件，由于仪表部分线束及插接件较多，整车其他部分供电大多通过仪表。所以对电源电压显示、前照灯、左右转向灯显示部分分别进行检查，未发现异常，如图8-13所示。

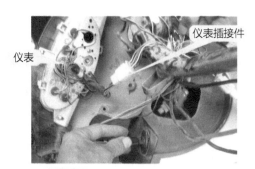

图 8-13　检查仪表线束和插接件

2）然后用万用表直流200V电压挡测量仪表红、黑（或绿色）供电线，电压应与蓄电池组电压一致，如果无电压，检查供电线；如果有电压，判断仪表损坏，必须更换新仪表，如图8-14所示。

3）将旧仪表从车上卸下，观察仪表型号为48V供电，车型为迅鹰，使用同型号仪表替换，将仪表线束插接件插好，通电试机，仪表显示正常，如图8-15所示。

图 8-14　测量仪表供电电压

图 8-15　更换迅鹰仪表

专家指导

　　更换新仪表时，首先要观察车型，然后对应更换相同型号的仪表，否则安装不上。然后再测量仪表供电电压，应与新更换仪表供电电压对应。更换仪表时还要观察仪表插接件上红、黑供电线是否对应，如果不对应，要先进行调换，否则可能会造成仪表不工作或损坏。

七、森地电动自行车电动机输出线损坏

（1）故障现象　用户反映该车电动机引出线损坏，电动机不转，其他部分正常。

（2）故障分析　观察电动机为无刷电动机，共有8根引线。该车故障为电动机引出线与中轴部分磨损造成电动机不转，由于破损处在中轴部位，只有打开电动机进行更换。

（3）故障排除方法

1）把电动机从车上卸下，打开电动机端盖，如图8-16所示。

图 8-16　打开电动机端盖

2）用万用表测量电动机输出线已断裂，如图 8-17 所示。

3）首先去掉旧电动机引线，将电动机线从电动机轴内抽出，把新线穿入电动机轴内，并用电烙铁焊好，并进行绝缘处理，如图 8-18 所示。

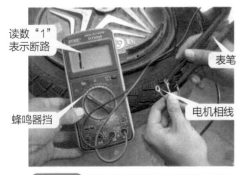

图 8-17　用万用表测量电动机输出线

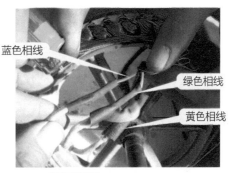

图 8-18　更换电动机输出线

4）将电动机装好试车，电动机转动正常，故障排除。

专家指导

更换新电动机线时，首先要观察电动机是否为无刷电动机（无刷电动机有 8 根引线），然后观察电动机功率，常见的电动机功率有 350W、500W、1000W，更换电动机引线时要更换相同功率的电动机引线。电动机线相接时最好按相同的颜色对接，方便电动机与控制器对接。

八、绿源电动自行车打开电源锁就烧熔丝

（1）故障现象　该车骑行中突然断电，用户自己检查蓄电池盒熔丝烧坏，更换后仍烧熔丝。

（2）故障分析　该车烧熔丝的原因可能有以下 4 种：

1）熔丝选用不当。

2）电源锁内短路；喇叭部分短路；仪表部分短路。

3）控制器内部短路。

4）电动机内部短路。

（3）故障排除方法　因用户反映更换过熔丝，首先检查蓄电池盒熔丝，检查发现用户自己用5A熔丝更换，显然熔丝选用不当，48V车蓄电池盒应选用20A熔丝，用20A熔丝更换，故障排除，如图8-19所示。

图 8-19　检查更换蓄电池盒熔丝

九、森地48V无刷车行驶中突然断电，仪表板上无电压，电动机不转

（1）故障现象　用户反映，该车骑行中仪表板上没有电量显示，电动机不转。

（2）故障分析　故障产生的原因有以下3种：

1）蓄电池内熔丝断，造成输出无电压。

2）蓄电池盒内连线断，造成输出无电压。

3）控制器与蓄电池连线断。

（3）故障排除方法

1）首先检查蓄电池盒电压，使用万用表直流200V电压挡测量充电插座无电压，如图8-20所示。

2）然后把蓄电池盒从车上卸下，打开蓄电池盒，发现蓄电池正极连线断裂，重新接好蓄电池连线，如图8-21所示。

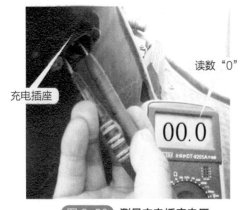

图 8-20　测量充电插座电压

图 8-21　连接蓄电池连线

3）用万用表测量蓄电池电压正常，装车试机，仪表板电压恢复正常，转动转把，电动机运转，故障排除。观察仪表上电压正常，如图8-22所示。

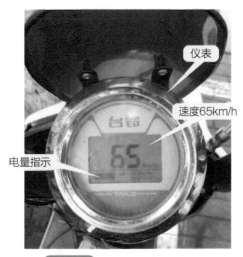

图 8-22　观察仪表上电压正常

十、雅迪无刷车行驶正常，轻按闸把时电动机反而加速，电动机不断电

（1）故障现象　电动车行驶正常，轻按闸把时电动机反而加速，电动机不断电。

（2）故障分析　用户反映此车雨天骑行，控制器可能进水，造成此故障。

（3）故障排除方法

1）轻按闸把，测量闸把两条线电压，不制动时为0V，制动时为12V，说明正常，如图8-23所示。

2）转动转把，进一步检查测量电动机的3根相线端电压为0~47.6V的交流电压，电动机的转速也变化可调，说明电动机及供电正常，如图8-24所示。

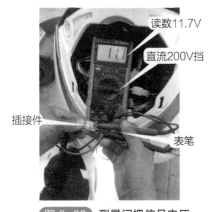

图 8-23　测量闸把信号电压

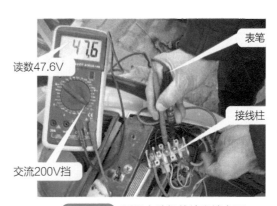

图 8-24　测量电动机的输出端电压

3）当轻按闸把时电动机加速，前后闸把一样，这时电动机端电压大幅上升，说明制动信号电压已直接加到了场效应晶体管的控制极，使场效应晶体管完全导通，使电动机的输出端电压增加了五分之一左右，造成电动机加速。经检查控制器里的脉宽调制集成块TL494损坏，更换新的万能控制器后试车，故障排除，如图8-25所示。

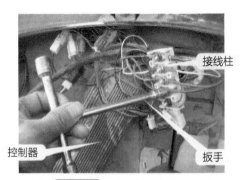

图 8-25　更换万能控制器

十一、小刀 48V 无刷车充电 10h，充电器不变绿灯

（1）故障现象　用户反映小刀 48V 无刷车充电一晚上，早晨仍不变绿灯，电动车行驶正常。

（2）故障分析　充电 10h，充电器不变绿灯，除了充电器故障，还有蓄电池故障。

（3）故障排除方法

1）首先使用新充电器对蓄电池进行充电试验，仍不变绿灯，说明故障在蓄电池。充电试验如图 8-26 所示。

2）充电器输出电压正常，充电器不变绿灯，说明充电器内部充电指示电路有故障，为保护蓄电池防止过充，应更换充电器。

图 8-26　充电试验

十二、绿佳 60V 电动车表盘显示有电压，但电动机不转

（1）故障现象　用户反映该车打开电源开关，仪表电源指示灯和转向指示灯都正常，转动调速转把电动机不转。

（2）故障分析　根据以上故障现象，判断该故障不在电源电路，可能故障在以下几个方面：

1）闸把出现故障。

2）调速转把出现故障。

3）控制器出现故障。

（3）故障排除方法

故障现象一：

1）首先插上"试车专用蓄电池"试车，故障依旧，说明蓄电池无故障。

2）打开前罩，拔下闸把的两芯插接件，试车故障依旧，如图 8-27 所示。

3）进行下一步检查，直接更换新调速转把试验，电动机转动正常，说明调速转把损坏。

4）然后用内六方扳手将旧调速转把取下，安装好新转把，把调速转把红、黑、绿三条引线分别接好，打开电源锁试车，故障排除，如图8-28所示。

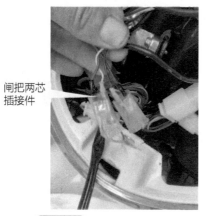

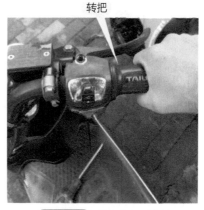

图 8-27　拔下闸把的两芯插接件　　图 8-28　更换新调速转把

故障现象二：

1）首先进行故障现象一中1）和2）两步试验，闸把、转把正常，电动车故障依旧。

2）然后转动转把，使用万用表交流200V挡，分别测量控制器的蓝、绿、黄相线，应有0~50V的交流电压，如果无电压，说明控制器损坏。测量控制器相线输出无电压如图8-29所示。

3）将旧控制器从车上取下，查看此控制器型号为60V/500W无刷控制器，用同型号更换。

控制器更换步骤如下：

① 首先将控制器与电动机的蓝、绿、黄相线按颜色对接在接线柱上。

② 然后将控制器的红、黑供电线、细红（或细橙）电源线按颜色对接在接线柱上。接线时注意，将红、黑供电线相距远点，以防接线时出现短路。接着，把霍尔5芯插接件对插。接好后的5线接线柱如图8-30所示。

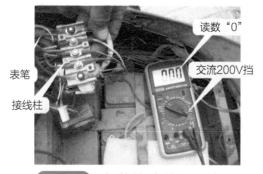

图 8-29　测量控制器相线输出无电压　　图 8-30　接好后的5线接线柱

③ 下一步观察转把与控制器的3芯插接件，如果红、黑、绿色颜色对应，将插接件对插。如果不对应，进行调线，如图8-31所示。

④ 将可对插白色（或棕色，以控制器说明为准）调试线插接件对接，打开电源锁，电动机慢慢转动，如果电动机反转，将白色调试插接件拔下再迅速插上（注意不要关闭电源锁），这时电动机正转，电动机转动

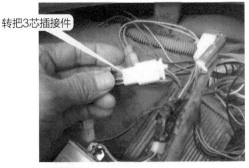

转把3芯插接件

图 8-31　对插转把3芯插接件

1min后，控制器与电动机识别完成，拔下白色对插接件；如果电动机正转，等电动机转动1min后，控制器与电动机识别完成，拔下白色对插接件。白色可对插插接件如图8-32所示。

可对插插头　识别开关线

图 8-32　白色可对插插接件

⑤ 最后将蓝色刹车线和紫色仪表线分别接好。

专家指导

安装更换万能控制器时，有时将控制器与电动机的连线接好后，打开电源锁，不用调试，电动机就转动正常。这时切记也要将白色调试线对插上，让控制器与电动机进行识别，这样车子才会运行正常，否则车子在骑行中，如果关闭电源锁，再打开时，车子会倒转，这就是没有调试的结果。要重新进行调试，车子才能正常使用。

十三、新日踏板电动自行车整车无电

（1）故障现象　打开电源锁，仪表上电源指示灯不亮，整车无电。

（2）故障分析　该车出现此故障可能有以下原因：

1）电源锁或电源锁连线损坏。

2）蓄电池盒插头接触不良。

3）蓄电池盒熔丝熔断。

4）蓄电池内连线断。

（3）故障排除方法

1）首先打开电源锁开关，观察仪表上无电压显示。打开电源锁开关如图8-33所示。观察仪表上无电压显示如图8-34所示。

电源锁

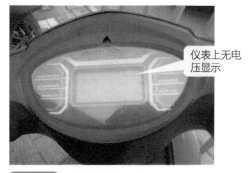
仪表上无电压显示

图8-33　打开电源锁开关　　图8-34　观察仪表上无电压显示

2）然后用万用表直流200V挡，测量蓄电池充电插孔无电压，如图8-35所示。

3）打开蓄电池盒检查，使用万用表的蜂鸣器挡测量熔丝烧断（读数为"1"），观察熔丝型号为250V/30A，用同型号熔丝更换，故障排除，如图8-36所示。

充电插孔
读数"0"
直流200V挡

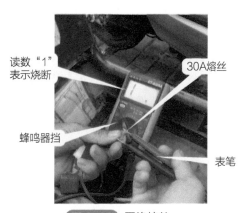
读数"1"表示烧断
30A熔丝
蜂鸣器挡
表笔

图8-35　测量蓄电池充电插孔　　图8-36　更换熔丝

十四、绿佳60V长跑王电动车骑行时蓄电池充足电但只能骑行20km

（1）故障现象　用户反映，该车已骑行1年6个月，蓄电池充足电，但骑行情况下仪表上两块红灯熄灭，只能骑行20km。

（2）故障分析　该车能充足电说明充电器正常，产生故障原因可能有以下几点：

1）轮胎气压不足或电动车带刹车骑行。

2）蓄电池容量严重下降。

3）电动机有故障，电流过大造成续行里程短。

（3）故障排除方法

1）首先用手按压轮胎检查轮胎气压正常，再用手转动前、后车轮检查电动车刹车无故障。

2）经询问用户，电动车没有泡过水，电动机进水造成电流大的可能性不大。

3）打开蓄电池盒，分别使用万用表和蓄电池表逐一测量每只蓄电池，发现有一只蓄电池电压只有8.9V，说明该蓄电池落后，找一只修复好的旧32A·h蓄电池将其更换，试骑电动车行驶正常，可以骑行50km，如图8-37所示。

图 8-37　测量蓄电池

十五、台铃电动车在行驶中有停驶、时快时慢、无力等，电动机有"嗡嗡"声

（1）故障现象　用户反映该车在行驶中有停驶、时快时慢、无力等，电动机有"嗡嗡"声。

（2）故障分析　该车有停驶现象，可能有接触不良或闸把、调速转把故障，时快时慢、无力说明蓄电池电压不足或电动机有缺相故障。

（3）故障排除方法

1）首先打开电源锁试车，发现电动机有"嗡嗡"声，观察仪表的电量显示正常，说明蓄电池无故障，故障在控制器与电动机附近。

2）打开后车座，检查电动机与控制器的连接线，发现霍尔插接件烧坏。使用万用表的二极管挡，红表笔对黑色负极线，黑表笔分别测量霍尔元件的蓝、绿、黄引线，发现有一只霍尔引线万用表读数为"1"，说明这只电动机霍尔元件烧坏断路，引起电动机缺相，如图8-38所示。其他两只霍尔元件读数为"623"左右，读数正常。

3）将电动机从车上卸下，打开电动机外壳，找到霍尔元件。首先记住旧霍尔元件引线的排列位置为蓝、绿、黄，中间霍尔元件的绿线排列在霍尔元件的右侧，说明为120°。然后将旧霍尔元件取掉，并清理霍尔元件的放置槽，如图8-39所示。

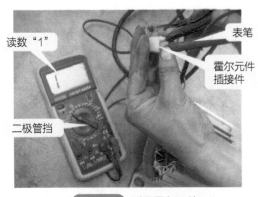

图 8-38　测量霍尔元件

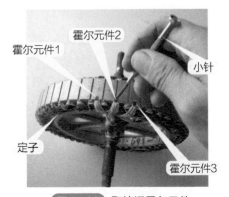

图 8-39　取掉旧霍尔元件

4）将3个新霍尔元件按字面向上放好，并用AB胶粘好，用35W电烙铁将新霍尔元件5条引线分别焊好，并用绝缘管套好。为了保证电动机换相位置的精确，建议同时更换3个霍尔元件，如图8-40所示。

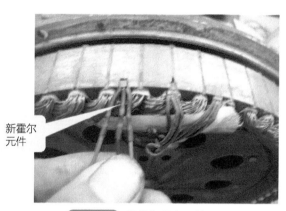

图 8-40　更换新霍尔元件

5）将电动机组装好，上紧外壳，装车试机，电动机运转正常。

十六、小刀电动车转把松开后，车辆仍在飞速行驶

（1）故障现象　用户反映该车骑行中转把松开，车辆仍在飞速行驶，不停车。

（2）故障分析　该故障的可能原因有：

1）转把损坏。

2）转把黑线断路。

3）转把红、绿线短路。

4）控制器损坏。

（3）故障排除方法

1）首先打开前头罩，拔下转把插头，如图8-41所示，打开电源锁，电动机仍不停转动。说明转把正常，然后检查转把红、黑、绿线无故障，说明故障在控制器。

2）判断控制器已坏，观察控制器型号为60V/500W，更换同型号的新万能控制器。首先按颜色对接控制器与电动机的粗蓝、粗绿、粗黄3根相线，然后将5线霍尔元件插接件对插好。再接好细红电源锁线和3芯转把插接

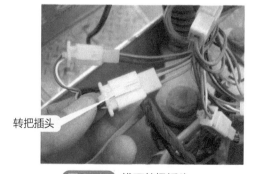

图 8-41　拔下转把插头

件。对插细粉红学习线，打开电源锁试车，电动机慢慢转动。等待1min后，拔开学习线。转动转把试车，控制器可以控制车速。最后接好细蓝仪表线和白色高刹线。60V/500W万能控制器接线图如图8-42所示。更换新控制器如图8-43所示。

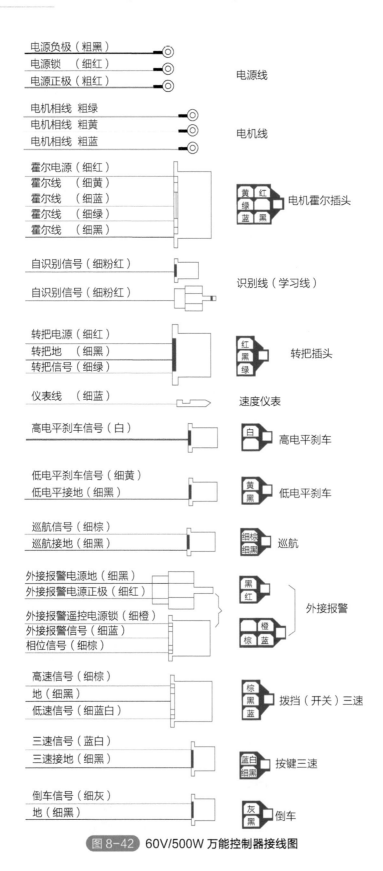

图 8-42　60V/500W 万能控制器接线图

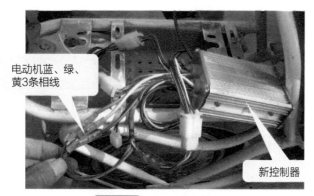

图 8-43　更换新控制器

第二节　电动三轮车、代步车故障维修实例

电动三轮车
半轴拆装

电动三轮车
更换新电机

电动三轮车
更换齿轮油

电动三轮车
刹车锅更换

一、御捷代步车电源锁打开后电动机高速运转

（1）故障现象　打开电源后，电动机高速运转不能控制（俗称"飞车"）。御捷代步车外形如图 8-44 所示。

（2）故障原因

1）脚踏调速器损坏。

2）控制器烧坏。

3）脚踏调速器红、绿信号线短路。

4）脚踏调速器黑色负极线断路。

5）控制器相线烧坏短路或漏电。

（3）故障维修方法

1）首先断开脚踏调速器与控制器连线，如果不飞车，说明脚踏调速器损坏。

2）如果仍然飞车，检查以下 3 项：

①脚踏调速器红、绿信号线短路。

图 8-44　御捷代步车外形

②脚踏调速器黑色负极线断路。

③控制器相线烧坏短路或漏电。

3）排除以上原因，大多是控制器烧坏，应更换同型号新的控制器。

4）观察控制器的型号为60V/22000W，用同型号万能控制器更换。其接线方法如图8-45所示。

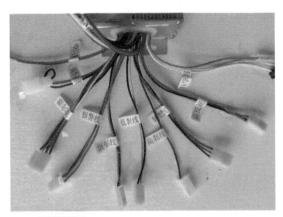

图 8-45　60V/22000W 万能控制器接线

二、金彭代步车打开电源锁后，电动机转速慢

（1）故障现象　打开电源锁后，试车，电动机转速慢，观察仪表上的电量指示灯很快下降，说明蓄电池有故障。

（2）故障维修方法

1）首先检测蓄电池电压是否在欠压临界状态。用万用表直流200V挡，测量蓄电池充电插座电压为60V，此时测量的是空载电压，需进一步检测。

2）打开后车座，使用蓄电池测试表逐一检测蓄电池，发现有一只蓄电池放电到红色亏电刻度（10.5V）以下，说明该蓄电池有故障，如图8-46所示。

3）找一只相同容量120A·h修复后旧蓄电池配组装车，试骑，电动机转速正常，故障排除。

图 8-46　蓄电池测试表检测蓄电池

专家指导

　　蓄电池电压欠压临界状态是蓄电池放电的最低值，电压降到此值，控制器将执行蓄电池欠压保护，自动断电，从而防止蓄电池过放电。通常12V单只蓄电池欠压值为10.5V；36V蓄电池组为31.5V；48V蓄电池组为42V；60V蓄电池组为52.5V。

　　旧蓄电池的更换，一定要以旧换旧，新旧不能混用，配组时应选用修复后放电时间基本一致、蓄电池端电压相差在0.1V以内的蓄电池。

三、五羊代步三轮车电动机时转时停

　　（1）故障现象　打开电源锁试车，电动机时转时停，有时车速正常，有时车速不正常。观察该车为60V/1000W电动三轮代步车，其外形如图8-47所示。

图 8-47　五羊60V/1000W电动三轮代步车

　　（2）故障原因

　　1）转把损坏。

　　2）蓄电池有损坏或连线接触不良。

　　3）电动车线路中插接件接触不良，重点检查转把插接件、电动机霍尔元件插接件、电动机相线接线柱等。

　　（3）故障维修方法

　　1）使用万用表直流200V电压挡，逐个检测蓄电池电压是否正常，一般不应低于10.5V，如图8-48所示。

　　2）逐个检查每只蓄电池是否接触不良，如果发现有故障，重新固定蓄电池连线和螺栓。如果有连线外露的，用绝缘胶带包好，如图8-49所示。

读数12.6V
红表笔
黑表笔
120A·h
蓄电池

图 8-48　检测蓄电池电压

3）下一步检查转把插接件是否松动虚接，如果松动，可以使用扎带，将转把插接件扎牢。

4）如果故障依旧，可以直接更换新转把，试车，故障排除，如图8-50所示。

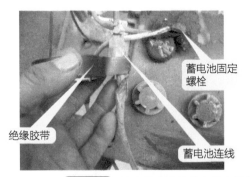

图 8-49　检查蓄电池连线和固定螺栓

图 8-50　更换新转把

专家指导

更换调速转把，可将内六方扳手插入调速转把固定销内，逆时针旋转，松动后将旧转把向外拔出，然后把新调速转把按相反顺序安装好。最后把调速转把的红、黑、绿 3 根引线对应接好，即可试车。

四、金彭代步三轮车充电一次行驶距离短

（1）故障现象　金彭代步三轮车充电一次行驶距离短。该车采用48V/45A·h蓄电池，电动机功率为500W，该车外形如图8-51所示。

图 8-51　金彭代步三轮车

（2）故障原因

1）轮胎气压不足，电动车带刹车行驶或超载行驶。

2）充电器有故障，充电时间短，充电器输出电压低于正常值，充电器提前变绿灯。

3）蓄电池有故障或使用时间超过2年，蓄电池硫酸盐化。

4）冬季外界气温过低，蓄电池能量发挥不出来。蓄电池最佳工作温度是25℃。

（3）故障维修方法

1）检查轮胎气压是否充足，对轮胎进行充气，如图8-52所示。

2）检查刹车是否过紧，行驶时是否有摩擦声，重新调整刹车，如图8-53所示。

图 8-52　对轮胎充气

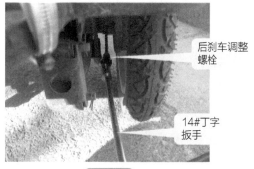

图 8-53　调整刹车

3）检查蓄电池充电时间是否过短，充电器输出电压是否正常。

4）检测蓄电池是否有断格；蓄电池是否长期放置硫酸盐化。蓄电池断格的，重新更换或配组蓄电池；蓄电池硫酸盐化的，修复充电。

五、比德文代步三轮车不能零起动，行驶后车速正常

（1）故障现象　比德文代步三轮车不能零起动，行驶后车速正常。该车采用48V、650W电动机，比德文代步三轮车外形如图8-54所示。

图 8-54　比德文代步三轮车外形

（2）故障原因

1）转把3芯插接件接触不良。

2）电动机三相引线接线柱接触不良。

3）电动机5芯霍尔元件插接件接触不良或霍尔元件损坏。

（3）故障维修方法

1）首先检查3芯转把插接件是否松动接触不良，如有，进行扎牢处理。

2）找到控制器，检查控制器与电动机相线相连的接线柱是否松动，如有，进行紧固处理，如图8-55所示。

3）检查霍尔元件插接件是否松动，如果正常，使用无刷电动机综合检测仪检测电动机霍尔元件。经检测发现一个霍尔元件损坏。

4）下一步更换电动机霍尔元件。首先将代步三轮车后车厢顶起，取下电动机。无刷电动机外形如图8-56所示。

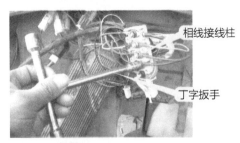

图 8-55　检查电动机相线接线柱

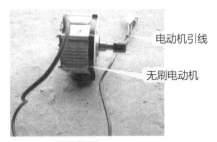

图 8-56　无刷电动机外形

5）取下电动机后，再次对霍尔元件进行检测，使用万用表的二极管挡，红表笔对霍尔元件黑色负极线，黑表笔依次对蓝、绿、黄色引线，测量3只霍尔元件的读数，大约都在"550"左右，经测量蓝色引线霍尔元件读数为"0"，说明该霍尔元件击穿短路，如图 8-57所示。

图 8-57　二极管挡测量霍尔元件

6）下一步打开电动机，用内六方工具取下电动机外壳固定螺栓，将电动机定子抽出，记录原霍尔元件的各色引线排列方法，观察该电动机霍尔元件按120°排列，然后取下3个旧霍尔元件，如图8-58所示。

图 8-58　打开电动机

7）三轮车电动机3个霍尔元件一般都安装在一块电路板上，方便安装，所以要将3个霍尔元件一起更换，并对连线进行焊接和绝缘处理。带电路板的3个霍尔元件如图8-59所示。

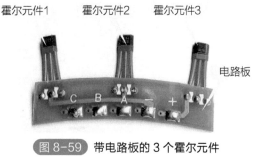

图 8-59　带电路板的 3 个霍尔元件

8）霍尔元件更换好后，将电动机复原装车，试骑后电动车行驶正常。

名师指导

　　原车生产厂家装车时使用的控制器，大多不是万能控制器，所以当电动机霍尔元件损坏，整车表现为不能零起动，或电动机不转。维修时可以更换电动机霍尔元件，也可以更换万能控制器。由于代步三轮车自重较大，所以在无霍尔元件状态下工作起步困难，维修要采用更换电动机霍尔元件解决故障。

六、爱玛代步电动三轮车充电器插上后变绿灯，充不进电

（1）故障现象　爱玛代步电动三轮车充电器插上后变绿灯，充不进电。该车采用48V/32A·h蓄电池，电动机功率为500W，其外形如图8-60所示。

图 8-60　爱玛代步电动三轮车

（2）故障原因

1）充电器损坏。

2）蓄电池或蓄电池连线有故障。

（3）故障维修方法

1）将充电器插上交流电源，测量充电器输出空载电压为55.2V，说明充电器正常，

如图8-61所示。

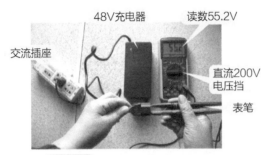

图 8-61　测量充电器输出空载电压

2）用万用表200V直流电压挡，测量蓄电池充电插座，如果测量无电压，说明蓄电池或连线有故障，打开蓄电池盒检查，如图8-62所示。

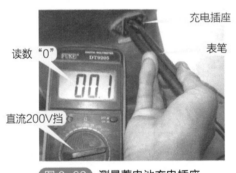

图 8-62　测量蓄电池充电插座

3）打开蓄电池盒，检查蓄电池充电连线和熔丝，熔丝可以用目测，或用万用表蜂鸣器挡测量，发现熔丝断路，观察熔丝型号为250V、5A，更换新的熔丝后，充电试验，故障排除，如图8-63所示。

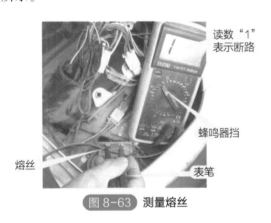

图 8-63　测量熔丝

七、时风代步车打开电源锁就烧整车熔丝

（1）故障现象　时风代步四轮车打开电源锁就烧整车熔丝，该车采用60V/1000W

控制器，该车外形如图8-64所示。

（2）故障原因

1）整车线路中正、负极引线破皮短路。

2）控制器烧坏。

3）熔丝选用不当，型号太小。

（3）排除方法

1）首先断开控制器的电源输入端，打开电源锁观察是否烧熔丝。如果不烧熔丝，说明控制器烧坏，内部电路短路。如果控制器烧坏，更换同型号控制器。

图8-64 时风代步四轮车

2）如果仍烧熔丝，说明故障在控制器以前部分电路。检查蓄电池连线是否有短路，熔丝座是否接触不良，熔丝型号是否正确，整车熔丝一般为30A。如果有故障，立即排除。熔丝座及熔丝如图8-65所示。

图8-65 熔丝座及熔丝

3）如果故障没有排除，下一步检查前照灯部分线路、喇叭部分线路、仪表部分线路、如果有故障分别排除。

名师指导

熔丝的检修方法

在没有电压输出的情况下，检查熔丝的好坏，一般蓄电池盒都带有熔丝座，会在蓄电池盒的某个地方有标记指示，外壳上没有熔丝的，可能内置于蓄电池盒内，拆开蓄电池盒即可找到。如果熔丝已断开，更换同型号的熔丝，不可用导线直接将熔丝两端短路，代替熔丝使用；严禁用铜丝、铁丝等导体取代，以免造成故障扩大。

八、大阳四轮代步车更换蓄电池后，整车无电

（1）故障现象 大阳四轮代步车更换蓄电池后，整车无电，该车采用60V/2200W控制器，蓄电池采用超威100A·h新能源蓄电池。该车外形如图8-66所示。超威100A·h新能源蓄电池如图8-67所示。

图 8-66　大阳四轮代步车

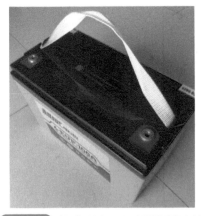

图 8-67　超威 100A·h 新能源蓄电池

（2）故障排除方法

1）新装车的蓄电池，应重新检查蓄电池连线是否接错，蓄电池连线是否松动，如有，立即排除。

2）下一步检查整车熔丝，四轮代步车整车熔丝有的厂家安装在前车罩下，有的厂家安装在行李舱车罩下，检查此车安装在行李舱车罩下，找到熔丝后用万用表测量，熔丝烧断，更换新的30A熔丝后，试车正常。

大容量蓄电池在更换新蓄电池时，由于蓄电池容量大，工作电流较大，注意连线不可接错，连线要保证紧固。更换时应避免产生打火现象，否则易造成整车熔丝烧断。

第三节　电动自行车、三轮车、代步车综合故障维修实例

一、仪表板指示灯不亮，电动机不转

（1）故障现象　打开电动车电源锁后，仪表板指示灯不亮，电动机不转。

（2）故障范围　蓄电池损坏或亏电，空气开关（简称"空开"）损坏或跳开，电源锁损坏。

（3）排除方法

1）检查空开是否跳开或烧坏。空开跳开或烧坏，用肉眼就可以看到。如果看不到损坏，可以将空开置于ON位置，使用万用表的蜂鸣器挡，测量空开是否相通。也可以直接将空开的进、出线相连后，打开电源锁试车。如果空开损坏，应更换新空开。检查空开如图8-68所示。

图 8-68　检查空开

2）检查蓄电池是否损坏。使用万用表的直流200V挡，测量蓄电池充电插座电压，

正常情况下，48V车蓄电池电压在48~53V之间；60V车蓄电池电压在60~70V之间；72V车蓄电池电压在72~85V之间；也可以直接在充电插座插上相同电压的正常蓄电池组试车，如果电动车正常，说明蓄电池损坏，或蓄电池内连线、蓄电池盒内熔断器（蓄电池内熔断器一般为30A）熔断。检查维修或更换蓄电池。如果蓄电池充电插座电压正常，应进行下一步检查。测量60V车充电插座电压如图8-69所示。检测蓄电池盒内熔断器如图8-70所示。

图 8-69　测量60V车充电插座电压

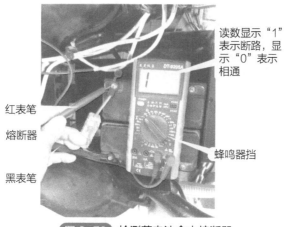

图 8-70　检测蓄电池盒内熔断器

3）检查电源锁是否损坏，电源锁插接件是否接触不良或损坏。可以直接用镊子将电源锁进、出线相连，如果仪表上有电量显示，再试车。如果损坏，检修插接件或更换新电源锁。用镊子将电源锁进、出线短接相连如图8-71所示。

二、仪表板指示灯不亮，电动机转动正常

（1）故障现象　打开电动车电源锁后，仪表板指示灯不亮，但试车电动机转动正常。

（2）故障范围　这种故障大多是仪表损坏，

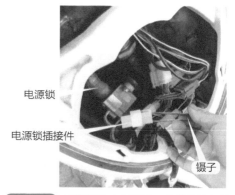

图 8-71　用镊子将电源锁进、出线短接相连

由于仪表电路与全车电路是并联接法，所以仪表不显示，不影响电动车骑行。

（3）排除方法

1）用螺丝刀取下头罩固定螺栓，打开前头罩，如图8-72所示。

图 8-72　打开前头罩

2）打开电源锁，用万用表的直流200V挡，测量仪表红、黑（或绿）色电源供电线电压，应与蓄电池电压一致。如果有电压，仪表不显示，说明仪表损坏，更换新仪表即可排除故障。如果无电压，可以使用万用表蜂鸣器挡，分别测量供电红、黑线是否断路。如果红色电源线无电压，可以从电源锁黄色（或红色）出线上引一根线到仪表红色正极线上，即可排除故障。测量仪表红、黑色线供电电压如图8-73所示。

3）更换新仪表后，打开电源锁，试车，仪表上电量指针指向"H"(注：仪表板上"H"指电量高，"L"指电量低），转动转把试车正常，如图8-74所示。

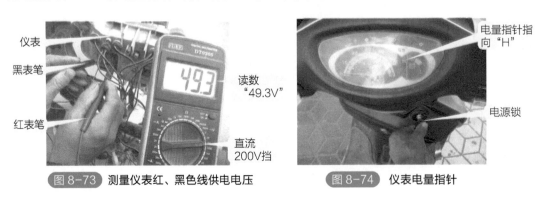

图 8-73　测量仪表红、黑色线供电电压　　　图 8-74　仪表电量指针

🔗 相关链接

　　电动车仪表的作用是显示电源电压、车速和左右转向、前照灯等工作情况。仪表、灯具部分电路一般与整车电路并联接线，这样互相不影响工作。

　　常见的有发光二极管仪表、指针仪表、液晶仪表三种。供电电压有48V、60V、72V。不管哪种仪表，接线方法都是仪表的正负极电源线直接连接电源锁后蓄电池正负极线，正负极线不能接反。仪表、灯具部分电路原理图如图8-75所示。

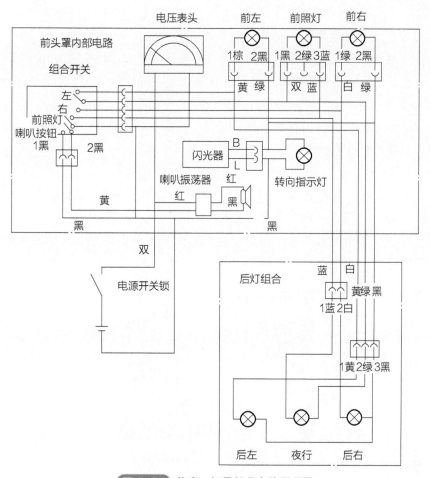

图 8-75　仪表、灯具部分电路原理图

三、仪表板指示灯亮，电动机不转

（1）故障现象　打开电动自行车电源后，仪表板指示灯亮，电动机不转。

（2）故障范围　故障部件可能为蓄电池、闸把、转把、控制器、电动机。

（3）排除方法　检修的原则是，先电源后负载，先易后难，先外后内。

1）打开电源锁，试车，观察仪表板上电量指针是否下降，如果下降过快，说明蓄电池欠压或有故障。如果不下降，说明蓄电池可能无故障。然后断开刹车断电连线（2芯插接件），试车，如果电动机转动，说明闸把损坏，更换新闸把。断开闸把2芯插接件如图8-76所示。

图 8-76　断开闸把2芯插接件

名师指导

目前市场上电动车闸把，都带有刹车断电功能，大多采用机械式开关型闸把，一般有进出两条引线，红色是进线，黑色是出线。在电动车上，左右闸把采用并联接法，不论用手捏左右哪个闸把，控制器都可切断电动机供电，使电动机停转。

检测闸把是否损坏，可以使用万用表的蜂鸣器挡测量，手捏闸把，应为相通状态，否则说明闸把损坏。实际维修中，可以使用断开闸把的2芯插接件，如果电动车正常，说明闸把开关损坏。

2）用万用表的直流电压挡，测量蓄电池充电插座，有无与蓄电池组一致电压。48V车电压在48~53V之间；60V车电压在60~70V之间；72V车电压在72~85V之间。如果电压过低，说明蓄电池有故障。打开蓄电池盒逐一检测蓄电池。如果蓄电池有故障，更换新的蓄电池。测量充电插座电压如图8-77所示。

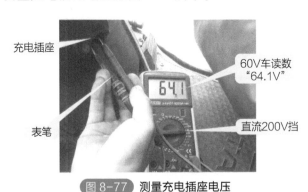

图 8-77　测量充电插座电压

维修人员也可自备相同蓄电池组电压的试车蓄电池，蓄电池有无故障，将试车蓄电池插到蓄电池充电插座上一试便知，这样可提高维修速度和修车质量。

3）下一步检测控制器电源输入端粗红、粗黑（或绿色）线有无电压，如图8-78所示，正常应与充电插座电压一样，如果无电压，说明蓄电池与控制器间有连接线断路，熔断器断路，重新连接或更换同型号新熔断器。整车上的熔断器型号一般为30A。如果有电压，说明控制器已供电。

图 8-78　检测控制器粗红、粗黑输入线电压

4）下一步检查控制器的电源锁细红（或细橙或细黄）线有无供电电压，正常应与控制器粗红、粗黑电压一样。如果无电压，检测电源锁及输出线，如图8-79所示。

60V车读数
"63.1V"

直流200V挡

红、黑表笔

黄色电源锁线

图 8-79　检测控制器电源锁线电压

电源锁常见故障有完全不通电和时好时坏、带载时不正常等。主要原因是电源锁长时间使用后，钥匙孔增大，引起接触不良。或电源锁塑料插接件氧化、松动造成接触不良。

电源锁有无故障，可以直接使用镊子短接进、出线试验，如果电动车正常，说明电源锁损坏。

5）如果电源锁有电压，进一步检测控制器上转把红、黑供电线，是否有5V左右电压，检查转把插接件有无断裂和松动造成接触不良。下一步测量转把的绿、黑线，转动转把，电压应在0.8~3.5V之间变化。测量转把红、黑线供电电压如图8-80所示。测量转把绿、黑线电压如图8-81和图8-82所示。

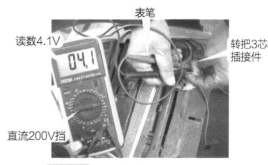

读数4.1V

直流200V挡

表笔

转把3芯
插接件

图 8-80　测量转把红、黑线供电电压

读数0.8V

直流200V挡

转把3芯插接件

表笔

图 8-81　测量转把绿、黑线电压（一）

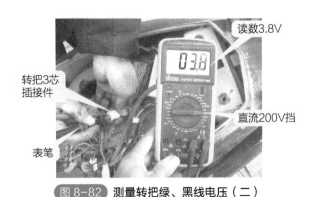

读数3.8V

转把3芯
插接件

直流200V挡

表笔

图 8-82　测量转把绿、黑线电压（二）

名师指导

目前市场上常见的是霍尔型调速转把，共有3条引线，红线是电源+5V，黑色是公共地线，另一根绿色（或蓝色）线是信号线，维修时只要确定电源线与地线，那么另一根就是信号线，可以不按颜色接线。

判断调速转把是否损坏，可用万用表直流200V电压挡测量，先测量转把红、黑供电线电压，应为5V左右（理论值为5V，实测值4V以上就可正常工作），然后测量转把的绿、黑线是否有1~4.2V（理论值，实测值在0.8~3.5V就可正常工作）电压变化，如无电压变化，说明调速转把损坏。也可以使用镊子直接短接转把的红、绿引线试验，如果电动机高速运转，说明转把损坏。需要说明的是，短接法试验时，转把必须有5V供电，否则，电动机不会转。对于时好时坏的故障，可以直接使用新转把更换试验。

6）测量转把正常后，下一步检测电动机霍尔元件。首先测量霍尔元件的红、黑引线是否有5V（理论值，实测值在4V以上就可正常工作）供电。然后分别测量霍尔元件的绿黑线、蓝黑色、黄黑线，用手慢慢转动电动机，若电压均在0~5V之间变化，说明3个霍尔元件都正常。如果在0V或5V不变，说明霍尔元件损坏。对于霍尔元件检测，可以使用无刷电动机综合检测仪，1min完成检测，方便准确。电动机霍尔元件检测如图8-83和图8-84所示。

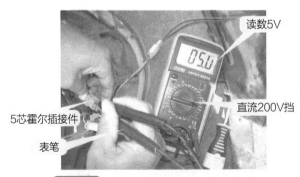

读数5V

直流200V挡

5芯霍尔插接件

表笔

图 8-83　电动机霍尔元件红、黑线检测

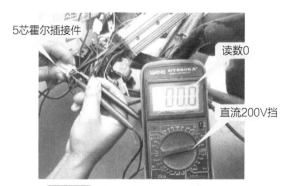

图 8-84　电动机霍尔元件绿、黑线检测

7）经过以上检测后，若未发现故障，那么转动转把时，控制器应该输出交流电压给电动机供电，使电动机转动。测量控制器输出交流电压如图 8-85 所示。

如果经以上检查控制器仍无输出，说明控制器损坏，更换控制器。

图 8-85　测量控制器输出交流电压

名师指导

　　更换控制器时主要注意与电动机的匹配，应选用与原车电压和功率一样、型号相同的控制器，不能随便更换，否则电动车将不能正常运转或损坏控制器。例如原车是 48V、350W 无刷控制器，必须用 48V、350W 万能无刷控制器更换；原车是 60V、500W 无刷控制器，必须用 60V、500W 万能无刷控制器更换；原车是 72V、1000W 无刷控制器，必须用 72V、1000W 万能无刷控制器更换。

　　8）如果控制器给电动机输出有交流电压，电动机不转，说明电动机有故障。可能是电动机内绕组断路、短路，电动机内部进水等原因，应维修或更换电动机。

四、电源锁打开后，电动机高速运转（飞车）

（1）故障现象　打开电动自行车电源后，电动机高速运转不能控制。

（2）故障范围　转把损坏，转把的红、黑线短路，转把黑线断路，控制器 3 根相线相连短路损坏。

（3）排除方法

1）首先断开转把的3芯插接件，试车，如果电动车不飞车，说明转把损坏，更换新转把。断开转把的3芯插接件如图8-86所示。

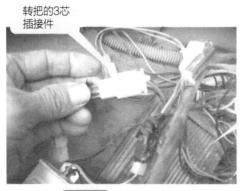
图 8-86　断开转把的 3 芯插接件

2）检查转把的红黑线是否短路，转把的黑色线是否断路。均可用万用表的蜂鸣器挡测量。如果没有故障，大多是控制器损坏，更换新控制器。

3）万能控制器的更换方法如下：

① 观察原车控制器的型号，可以观看控制器上的铭牌，如图8-87所示，该车控制器型号为48V/350W，用相同型号控制器更换。市场上常见的万能无刷控制器有以下几种型号：36V、48V/350W；48V、64V/500W；48V、64V/1000W；72V、84V/1000W。

② 首先关闭电源锁，按颜色接好电动机的粗蓝、粗绿、粗黄3根相线，如图8-88所示。

图 8-87　控制器上的铭牌

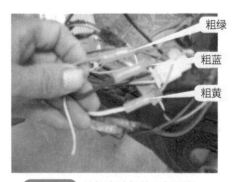
图 8-88　接好电动机的 3 根相线

③ 下一步连接5芯霍尔插接件，连接前使用"无刷电动车综合检测仪"检测电动机霍尔元件是否损坏。如果损坏，可以不接5芯霍尔插接件。连接5芯霍尔插接件如图8-89所示。

④ 下一步接好电源粗红、粗黑和细黄（或红）线，如图8-90所示。

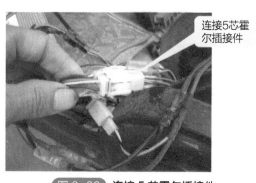

图 8-89　连接 5 芯霍尔插接件

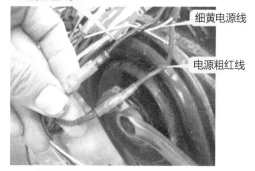

图 8-90　接好电源粗红、粗黑和细黄线

⑤ 找到两条可对插细黄（或细白）学习线（具体引线观看新控制器的说明便知），将其对插好。打开电源锁，电动机慢慢转动，如果是正转，等待1min后，拔开学习线，学习完成。如果是倒转，将学习线插接件拔开后再插上，电动机就变为正转，等待1min后，拔开学习线，学习完成，如图8-91所示。

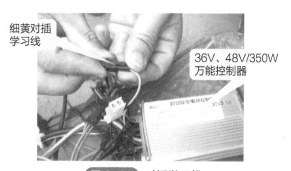

图 8-91　对插学习线

重点提示

在更换新的万能无刷控制器时，有时将控制器与电动机主要线连好后，打开电源锁，转动转把，电动机就转动正常。即使是这种情况，一切正常，也要插上学习线，进行自学习调试，否则，用户在骑行停车时，有时关闭电源锁后，再打开电源锁时，电动机会倒转。所以连接好控制器与电动机主要线后，一定要进行自学习调试。

⑥ 调试好后，再依次接好转把3芯插接件、闸把2芯插接件和仪表时速线。转把3芯线一般情况下是细红、细黑、细绿线，可以从转把的实物开始找起，然后顺着找向控制器。闸把2芯插接件一般情况下是细蓝、细黑线，可以从闸把的实物开始找起，然后顺着找向控制器。仪表时速线一般是一根细紫线，可以从仪表的实物开始找起，然后顺着找向控制器。也可以使用万用表的蜂鸣器挡测量进行确认。转把3芯插接件如图8-92所示。

图 8-92 转把 3 芯插接件

五、电源锁打开后，转动转把，电动机转速慢

（1）故障现象　打开电动车电源后，转动转把，电动机转速慢。

（2）故障范围　电动机转速慢，故障主要在蓄电池、转把和控制器。

（3）排除方法

1）检查蓄电池，可以用试车蓄电池插到充电插座上试验。如果蓄电池有故障，可能是某只蓄电池有断格现象，打开蓄电池盒逐一检测，即可排除故障。逐一检测蓄电池如图 8-93 所示。

2）更换新转把试车，对于电动机转速慢和时好时坏的故障，行之有效的方法就是更换新件试车。是否损坏，一换便知。有时候，这种故障可能是转把 3 根引线的整车线路损坏造成的，为了确定故障点，我们可以从控制器附近直接接上新转把试车，这样可找到故障原因。更换新转把如图 8-94 所示。

图 8-93 逐一检测蓄电池

图 8-94 更换新转把

名师指导

　　更换新调速转把时，先用六方扳手插入调速转把固定销内，逆时针旋转，松开固定销后，将旧转把向外拉即可取下。然后将新调速转把按相反顺序安装好，依次接好调速转把细红、细黑、细绿 3 根引线。

3）如果更换新转把后不能排除故障，那么故障大多是控制器进水或电子元件老化所致。下一步更换相同型号的控制器。

六、打开电源锁试车，观察仪表上的电源指针时有时无

（1）故障现象 打开电动车电源后试车，观察仪表上的电源指针时有时无。

（2）故障范围 故障主要在电源锁本身、插接件和连线氧化，或蓄电池本身和蓄电池组连线有故障。

（3）排除方法

1）打开前车罩，找到2芯电源锁插接件，检查插接件和连线是否损坏，如图8-95所示。

2）打开蓄电池盒，首先检查蓄电池组连线，然后逐一检测蓄电池，如图8-96所示。可能是某只蓄电池断格，或整组蓄电池鼓包损坏所致。如果有故障，进行检修或更换。

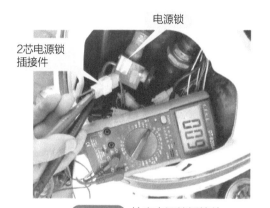

图 8-95 检查电源锁插接件

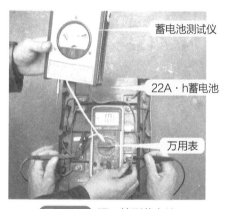

图 8-96 逐一检测蓄电池

名师指导

检修电源锁故障时，最快最有效的方法是将电源锁的2芯线对接，如果故障排除，说明电源锁损坏。需要说明的是，有时用户在钥匙上挂物太多，电源锁长期使用，钥匙孔增大，会造成电动车电源时有时无的故障。检修时一般更换新电源锁即可排除故障。

七、打开电源锁，电动机时转时停，观察仪表上的电源指针下降过快

（1）故障现象 打开电动车电源锁后，转动转把试车，电动机时转时停，观察仪表上的电源指针下降过快。

（2）故障范围 故障主要在电源锁本身、插接件连线或者蓄电池。

（3）排除方法

1）检查电源锁插接件和连线，如果无故障，用镊子短接电源锁2芯插接件，如

图8-97所示，试车。如果有故障，排除故障。

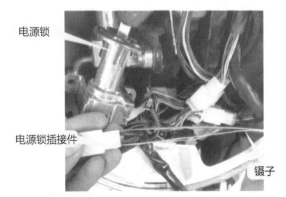

电源锁

电源锁插接件

镊子

图 8-97 用镊子短接电源锁 2 芯插接件

2）检查蓄电池连线及触头是否接触不良，重新焊接蓄电池连线。

3）检测蓄电池是否有故障，蓄电池电压是否在欠压临界状态，给蓄电池补充电量。

名师指导

蓄电池电压欠压临界状态是蓄电池放电的最低值，电压降到此值时，控制器将执行蓄电池欠压保护，自动断开电动机供电，从而防止蓄电池过放电。标称12V单只蓄电池欠压保护值为10.5V；36V蓄电池组欠压保护值为31.5V；48V蓄电池组欠压保护值为42V；60V蓄电池组欠压保护值为52.5V。

重点提示

检修"转速慢"和"时好时坏"的故障，故障可能是整车线路老化和插接件接触不良造成，所以在找不到故障点时，可以对整车重点部件的线路和插接件进行逐一检查，例如，电源锁插接件和连线；转把插接件和连线；控制器粗红、粗黑电源主线和插接件；细红电源锁线和控制器输出粗蓝、粗绿、粗黄3根相线插接件和接线柱。

八、电动自行车加电骑行费力，速度慢，行驶里程短

（1）故障现象　电动自行车加电骑行费力，速度慢，行驶里程短。

（2）故障范围　轮胎气压不足，蓄电池寿命终止或没有充满电，前后轮带刹车。

（3）排除方法

1）首先检查前后轮胎气压，如果气压不足，补充胎压，如图8-98所示。

2）检查蓄电池故障，可以用万用表测量充电插座，48V电动自行车蓄电池电压在48~53V之间。如果蓄电池无故障，进行下一步检查。测量48V电动自行车蓄电池电压如图8-99所示。

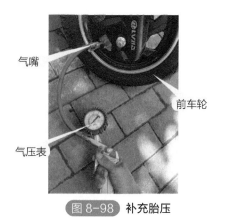

图 8-98　补充胎压

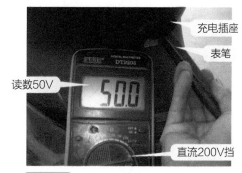

图 8-99　测量 48V 电动自行车蓄电池电压

3）检查前后轮刹车是否抱死或过紧。检查后轮刹车，发现后轮随动闸抱死，如图 8-100 所示。

4）决定对后轮随动闸进行换新，首先用修车支架支起后轮，将后轮轴上固定螺栓松开，从车上取下后轮。观察随动闸原型号为 100mm 带锁随动闸，用相同型号的随动闸进行更换，调整好刹车拉线的松紧度，试车，故障排除。调整好刹车拉线的松紧度如图 8-101 所示。

图 8-100　检查后轮刹车

图 8-101　调整好刹车拉线的松紧度

🔗 相关链接

随动闸

随动闸是 48V/350W 电动自行车后轮鼓上常用刹车部件，一般使用在车速为 25km/h 电动自行车上。随动闸常见型号有 90mm、100mm、110mm 三种。随动闸总成由刹车碗和刹车体构成。安装随动闸时，要注意安装后闸体左右、前后平行，刹车碗与刹车体之间一般加有 1~2 个铁垫片，安装好后，调整后拉线的松紧度要合适，既要刹车效果好，也要不带后刹车。随动闸常见型号如图8-102所示。

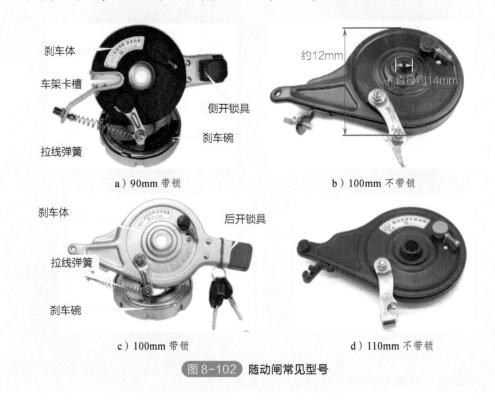

刹车体
车架卡槽
侧开锁具
刹车碗
拉线弹簧

a）90mm 带锁

约12mm
孔直径约14mm

b）100mm 不带锁

刹车体
后开锁具
拉线弹簧
刹车碗

c）100mm 带锁

d）110mm 不带锁

图 8-102　随动闸常见型号

九、蓄电池充电 8h 后，电动自行车只能行驶 10km

（1）故障现象　电动自行车蓄电池充电8h后，只能行驶10km。

（2）故障范围　刹车故障，轮胎气压不足，蓄电池寿命已尽，电动机进水。

（3）排除方法

1）首先检查刹车和轮胎气压，如图8-103所示，若均无故障，下一步检查蓄电池。

2）打开蓄电池盒，发现4只蓄电池均已过充电，造成蓄电池鼓包变形，如图8-104所示。检查蓄电池已损坏。

后轮电动机

碟刹下泵

图 8-103　检查刹车制动

图 8-104　蓄电池鼓包变形

3）更换4只蓄电池，按要求将蓄电池串联好，装车试骑，电动车一切正常。4只新蓄电池串联如图8-105所示。

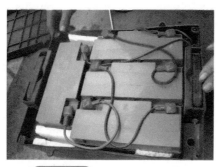

图 8-105 4只新蓄电池串联

十、电动自行车制动不断电，电动机不停

（1）故障现象 电动自行车制动不断电，电动机不停。

（2）故障范围 刹车断电开关损坏，闸把本身损坏，或刹车断电开关引线断路。

（3）排除方法

1）首先手捏左右闸把试验，观察闸把是否正常复位，刹车线是否断裂。如果不能复位，说明闸把自然损耗，已经损坏，更换新闸把。手捏闸把试验如图8-106所示。

2）打开前头罩，检查闸把2条引线插接件是否断路，如图8-107所示，使用万用表蜂鸣器挡测量闸把开关是否损坏。

图 8-106 手捏闸把试验

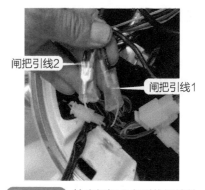

图 8-107 检查闸把2条引线插接件

名师指导

目前市场上常用的是机械式开关型闸把，造成不断电的原因大多是闸把的微动开关损坏，如果用户不想更换新闸把，救急维修可以直接断开闸把的2条引线，故障就可排除。

如果要达到刹车断电作用，只有更换新闸把。

十一、电动自行车充不进电，插上充电器绿灯一直亮，但骑行正常

（1）故障现象　电动自行车充不进电，插上充电器绿灯一直亮。

（2）故障范围　充电插座有故障，充电器损坏，蓄电池盒内熔断器烧断。

（3）排除方法

1）首先检查充电插座，如果氧化或生锈应更换新插座。

2）用万用表直流200V挡，测量充电插座上的电压。48V电动车电压应为48~53V之间；60V电动车电压应为60~70V之间。如果过低或无电压，打开蓄电池盒检查充电插座连线上的熔断器是否断路，连线上的2芯插接件是否氧化或腐蚀，连线本身是否断路。测量充电插座上的电压如图8-108所示。

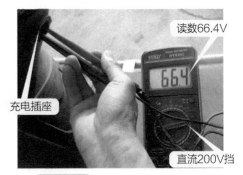

图 8-108　测量充电插座上的电压

3）如果充电插座上的电压正常，下一步检测充电器输出电压。48V充电器输出电压在56V左右；60V充电器输出电压在70V左右；72V充电器输出电压在85V左右。如果充电器损坏，维修或更换相同型号的充电器。测量48V充电器输出电压如图8-109所示。测量60V充电器输出电压如图8-110所示。测量72V充电器输出电压如图8-111所示。

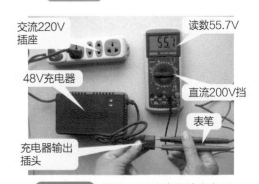

图 8-109　测量 48V 充电器输出电压

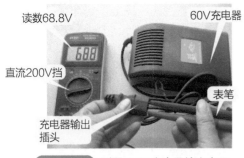

图 8-110　测量 60V 充电器输出电压

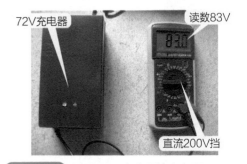

图 8-111　测量 72V 充电器输出电压

十二、电动自行车充电 8h，充电器不变绿灯

（1）故障现象　电动自行车充电 8h，充电器不变绿灯。

（2）故障范围　充电器损坏，蓄电池缺液。

（3）排除方法

1）更换相同型号的充电器插上充电试验，如果仍不变绿灯，说明蓄电池有故障。更换充电器试验如图8-112所示。

2）检查蓄电池。打开蓄电池盒，将蓄电池取出。观察蓄电池上盖的出厂时间，一般缺液的蓄电池使用时间在一年半以上。

3）用一字螺丝刀撬开蓄电池上盖，取下安全阀保管好备用，如图8-113所示。

图 8-112 更换充电器试验

图 8-113 撬开蓄电池上盖

4）查看蓄电池内部是否有干涸现象，使用注射器加入密度为1.03g/L的补充液，每小格加入5~10mL，一般加到电解液覆盖极板即可。蓄电池补充电解液如图8-114所示。蓄电池加入补充电解液如图8-115所示。

图 8-114 蓄电池补充电解液

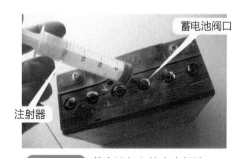
图 8-115 蓄电池加入补充电解液

5）加液后的蓄电池，将安全阀复原，用PVC胶将上盖封好，装车后用充电器充电8h试验，一般都能排除故障。

专家指导

对于使用时间一年半以上的蓄电池，如果充电8h不变绿灯，将充电器断开电源，然后再插上电源充电，发现会变绿灯，这种情况大多是蓄电池缺液造成的。充电器有故障的不多见，检查此故障时，可以观察蓄电池是否发热，如果发热就说明蓄电池缺液严重，一般补液就可排除故障。

十三、打开电源锁就烧熔断器，全车无电

（1）故障现象　打开电源锁就烧熔断器，全车无电。

（2）故障范围　空开有故障，全车电路连线有短路点，熔断器有故障或型号不对。

（3）排除方法

1）首先检查空开是否烧坏，是否发热等，如图8-116所示。

2）检查蓄电池盒内连线是否有短路，熔断器插座是否接触不良，如图8-117所示。

图 8-116　检查空开是否烧坏

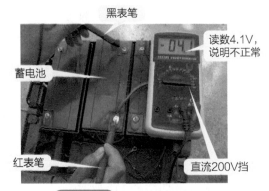

图 8-117　检查蓄电池连线

3）另外，熔断器选用不当也会引起烧熔断器，维修时也要加以注意。一般蓄电池充电插座后面熔断器为10A，全车线路熔断器为30A。

名师指导

熔断器的检修方法

在没有电压输出的情况下，检查熔断器的好坏，可以使用万用表的蜂鸣器挡进行测量，一般蓄电池盒都带有熔断器插座，会在蓄电池盒的某个地方做有标记。如果熔断器已烧断，更换同型号的熔断器即可，不可用导线直接将熔断器两端短路，代替熔断器使用；严禁使用铜丝、铁丝等导体取代熔断器使用，以免造成更大的损失。万用表的蜂鸣器挡测量熔断器如图8-118所示。

图 8-118　万用表的蜂鸣器挡测量熔断器